Phil Bosmans

In dir liegt das Glück

Das Buch

Vitamine für die Seele von Phil Bosmans: Die sympathischen Texte machen Mut zu mehr Menschlichkeit, um sich auch im Lebensalltag nicht von Rückschlägen und Enttäuschungen unterkriegen zu lassen. Lebenslang in der Beratung und Begleitung von Menschen geübt, trifft der flämische Autor einen Ton, der die Seele zum Klingen bringt.

»Mein tiefster Wunsch ist, Menschen glücklich zu machen. Aber ich weiß und habe es oft genug erlebt: Wenn ich selbst entmutigt und enttäuscht dasitze, kann ich keinem Menschen mehr helfen. So will ich glücklich sein, um andere glücklich zu machen« (Phil Bosmans).

Der Autor

Phil Bosmans gründete den »Bund ohne Namen«, der sich in vielen Ländern menschlich und sozial engagiert. Er lebt heute in dem kleinen Kloster der Montfortaner in Antwerpen. Seine Bücher haben weltweit eine geschätzte Gesamtauflage von über neun Millionen.

Phil Bosmans

In dir liegt das Glück

Muntermacher für die Seele

HERDER

FREIBURG · BASEL · WIEN

HERDER spektrum Band 6413

MIX
Papier aus verantwor-
tungsvollen Quellen
FSC
www.fsc.org
FSC® C106847

Dieser Band wurde zusammengestellt aus
»In dir liegt das Glück« und »Ich hab dich gern«
© Verlag Herder GmbH, Freiburg im Breisgau 2003/2004

Übertragung aus dem Niederländischen: Ulrich Schütz
Neubearbeitung für die Großdruck Edition:
Ulrich Sander

© Verlag Herder GmbH, Freiburg im Breisgau 2011
Alle Rechte vorbehalten
www.herder.de

Umschlagkonzeption und -gestaltung:
Agentur R·M·E Roland Eschlbeck
Umschlagmotiv: © Mauritius Images

Satz: Barbara Herrmann, Freiburg
Herstellung: fgb · freiburger graphische betriebe
www.fgb.de

Printed in Germany

ISBN 978-3-451-06413-5

Vorwort

Alle Menschen suchen Glück. Alle Menschen möchten in Frieden leben. Aber unsere Welt ist auch im 21. Jahrhundert immer noch ein großes Schlachtfeld. Immer sind die Schwachen die Opfer. Ich bin sprachlos über die Ohnmacht der Mächtigen dieser Welt, die manchmal Tag und Nacht verhandeln und dabei so wenig erreichen, um mehr Frieden in die Welt zu bringen. Das Leben ist doch viel zu kurz, um es einander so schwer zu machen.

Mein tiefster Wunsch ist, Menschen glücklich zu machen. Aber ich weiß und habe es oft genug erlebt: Wenn ich selbst entmutigt und enttäuscht dasitze, kann ich keinem Menschen mehr helfen. So will ich glücklich sein, um andere glücklich zu machen. Das Glück, das mir fehlt, ist das Glück der anderen. Es besteht eine Wechselwirkung. Je mehr ich für andere tue und mich selbst einsetze, desto freier und glücklicher fühle ich mich.

Was hier zur Sprache kommt, sind nicht einfach »meine« Gedanken. Sie schlummern in vielen Menschen, im tiefsten Innern einfacher Menschen. Einfache Wahrheiten, ans Licht gebracht, leuchten wie Sterne in dunkler Nacht.

Ein stilles Feuer lebt in deinem Herzen. Lass uns die Asche wegblasen, unter der es zu ersticken droht. Dann wird dein Leben wieder Wärme bekommen. Suche in diesem Buch kein festes Schema. Wir werden schon genug programmiert. Das Leben ist anders, das Leben geht vor. Und vor allem geht es im Leben um das Glück lebendiger Menschen.

Phil Bosmans

Inhalt

I.
Auf der Suche
nach dem Glück

Das Glück ist wie ein Echo

Das Glück wird uns zum Kauf angeboten. Farbenprächtige Prospekte, raffinierte Werbespots wecken Wünsche, die wir ohne sie gar nicht hätten. Briefkästen quellen über von Glücksangeboten und Fernsehkanäle von Gewinnspielen. Man verkauft uns tausend Träume in einer Welt, die tausendfach vom Glück des Geldes redet und die uns tausendfach betrügt. Wer das Glück zu kaufen sucht, wird es nie finden. Suche das Geld, du wirst vielleicht reich werden und vielleicht korrupt. Suche immer dich selbst, deinen Vorteil und deinen Spaß, und wenn sich alles um dich dreht, wirst du vielleicht durchdrehen. Ein aufgeblasenes Ich ist wie ein Luftballon. Er kann leicht platzen.

Das Glück ist wie ein Schatten. Es folgt dir, wenn du nicht daran denkst. Das Glück ist wie ein Echo im tiefsten Grunde deines Herzens. Es antwortet dir, wenn du dich selbst gibst.

Nicht am anderen Ufer

Warum siehst du immer auf die andere Seite? Warum denkst du immer, dass die anderen, Freunde, Bekannte, Nachbarn, viel mehr Glück hätten? Du sagst so leicht: Anderen geht es viel besser. Ich streng mich an und komme doch zu nichts. Das andere Ufer ist immer schöner. Es liegt in weiter Ferne. Sehnsüchtig hängst du Illusionen nach, starrst wie versteinert auf den schönen Schein.

Hast du je daran gedacht, dass auch die am anderen Ufer auf dich schauen und denken, du hättest viel mehr Glück, denn auch sie sehen nur deine Schokoladenseite. Deine kleinen und großen Sorgen, die kennen sie nicht.

Glücklich leben ist eine große Kunst. Dazu gehört Zufriedenheit.

Dein Glück liegt nicht am anderen Ufer.
Es liegt in dir.

Glück fällt dir nicht in den Schoß

Wie willst du jemals glücklich werden, wenn du immer alles von den anderen erwartest? Wenn du bei allem, was in deinem Leben schiefgeht, die Schuld auf andere schiebst? Leben ist Geben und Nehmen. Aber man bringt den Menschen offenbar nur das Nehmen bei. Fordere, nimm, profitiere, lass dir nichts gefallen, protestiere! Und man fordert und nimmt und profitiert, und jeder, der im Weg steht, wird zum Feind. Es gibt Ärger, Streit, Konflikte. Man fühlt sich bedroht, und man vergisst, dass man sich die Feinde selbst gemacht hat.

Glück ist eigentlich nur ein anderer Name für Frieden, Zufriedenheit, Freundschaft, Freude.* Diese Dinge fallen dir nicht in den Schoß. Du kannst sie nicht einfach von anderen fordern. Aber du bekommst sie gratis, wenn du deine Müdigkeit überwindest und selber etwas in die Hand nimmst, wenn du den Menschen Vertrauen entgegenbringen

* Gelassenheit
Demut
Bescheidenheit
Ruhe

13

kannst, wenn du auch in der größten Not daran glaubst, dass alles einmal anders wird.

Wer glücklich sein will, muss anfangen, nicht für sich zu nehmen, sondern für andere zu geben und sich selbst dabei zu vergessen.

Es gibt Menschen, die nie richtig glücklich sind. Für sie ist Glück von tausend Dingen abhängig, und etwas fehlt ihnen immer.

Sie vergessen, dass Glück aus vielen Teilen besteht. Immer ist irgendein Teil zu kurz.

Sie starren ihr Leben lang auf das fehlende Teil. Sie sind blind für die vielen anderen Teile, mit denen sie glücklich sein könnten. Aber sie sehen sie nicht, die kleinen, gewöhnlichen Dinge.

Glück ist wie die Sonne.
Aber selbst auf der Sonne
sitzen Flecken!

Fang mit einem Lächeln an

Beginne jeden Morgen mit einem freundlichen Gesicht. Die Arbeit wird dich nicht so müde machen, die schönen Seiten des Lebens kannst du mehr genießen. Für die Mitmenschen ist ein fröhliches Gesicht jeden Tag ein neuer Sonnenstrahl.

Wenn etwas schiefgeht, macht es dir nicht so viel aus. Der eigene Kummer wird kleiner und die Last der anderen leichter. Wer krank ist, wird durch dich aufgemuntert, und wer in einem dunklen Loch sitzt, sieht einen Hoffnungsschimmer. Ein freundliches Gesicht und ein freundliches Wort werden zu rettenden Engeln.

Du meinst, du hast ein hässliches Gesicht? Nein, das glaube ich nicht. Alle Gesichter sind schön, wenn ein gutes Herz dahintersteckt. Und dein schönstes Gesicht ist ein freundliches Gesicht. Darum stell dich jeden Morgen vor den Spiegel mit diesem kleinen Training des Herzens:

»Menschenskind, sei zufrieden, dass du lebst. Heute gibt es keine Jammermiene. Von einem traurigen Gesicht hat kein Mensch etwas. Es wird ein guter Tag. Mein Herz sei frei von Hass und Neid. Ich kann glücklich sein.«

Freundlichkeit ist wie ein Wunder.
Freundlichkeit verwandelt Menschen.
Freundlichkeit verändert die Welt.

Die Fenster des Herzens

Positiv sehen heißt: nach der guten Seite Ausschau halten, nach der Seite des Lichts, wo es hell und heiter ist, wo die Freude herrscht.

Negativ sehen heißt: auf die andere Seite starren, wo es dunkel ist, wo man stolpert und fällt, wo Angst und Verzweiflung umgehen.

Was unsere Augen sehen, dringt in unser Herz. Es kann uns froh machen oder ärgern. Es kann uns tief berühren und beeinflussen. Unsere Augen sind die Fenster unseres Herzens.

Machen wir sie auf für das Licht, für die Sonne am Tag und für die Sterne in der Nacht. Kommt Licht in unsere Augen, dann kommt auch Licht in unser Herz, und wir werden in unserem grauen Alltag bunte Farben entdecken.

Sieh positiv, und du siehst besser.
Dein Herz ist voller Licht,
deine Augen leuchten, du siehst mehr Sonne.

Die Wunder entdecken

Es gibt viele Wunder im Schoß der Erde, die danach verlangen, von Menschen entdeckt zu werden, aber wir sehen sie nicht. Unser Leben ist von Wundern umgeben, die unser Herz erfreuen wollen, aber wir sehen sie nicht. Weil wir nur unsere Augen aufmachen, aber nicht unser Herz. Weil wir die Dinge und Menschen, die uns entgegenkommen, nicht von Herzen gern haben.

Du wirst niemals glücklich sein, wenn du keine Freude finden kannst an der Sonne, die scheint, an der Blume, die blüht, an dem Kind, das dich anlacht.

Wenn wir Blumen und Vögel und die Menschen anschauen, weil wir sie von Herzen gern haben, dann sehen wir immer viel mehr, dann entdecken wir täglich Wunder. Schau einmal die Wolken an, wie sie ziehen: flüchtige Gebilde, in denen deine Fantasie geheimnisvolle Ungetüme erblickt. Schau auf das Kind, wie es malt. Seine Fantasie zaubert mit farbigen Stiften auf ein kleines Stück Papier eine ganze Welt. Schau auf die Oma, die eine Katze streichelt, auf die beiden Verliebten an der Bushaltestelle, auf das Baby, das im Kinderwagen schläft.

Und du wirst entdecken, dass in allen Dingen mehr liegt, als man oberflächlich sieht: eine Erinnerung an das Paradies.

In jedem Tag stecken Wunder, man kann sie gar nicht alle aufzählen.

Wenn ein Fisch in seiner Welt auf Entdeckungsreise geht, ist das Letzte, was er entdeckt, das Wasser. So ist es auch mit dem Menschen. Die einfachsten und wesentlichsten Dinge seines Daseins macht er sich am wenigsten bewusst. Wie wichtig frische Luft für ihn ist, weiß er erst, wenn er zu ersticken droht. Und wie schön es ist, atmen zu können, weiß er erst, wenn er stirbt.

Freude an den kleinen täglichen Wundern: Das ist der Schlüssel, um jeden Tag ein bisschen glücklich zu sein.

Eine Blume erzählt

Im Frühling hörte ich eine Blume sagen:

»Was haben die Menschen nur? Sie machen immer mehr Fabriken, immer mehr Straßen, immer größere Städte, immer schlimmere Waffen. Sie säen den Tod für die Menschen, Tiere und Pflanzen. Bäume werden gefällt, Vögel bekommen Angst. Was haben die Menschen nur? Sie verderben die Luft, die sie atmen, und sie vergiften das Wasser, das sie trinken. Und dann laufen sie auf Industriemessen, um die neueste Technik anzubeten.«

Die Blume schwieg.

Nach einer Weile sagte sie: »Bin ich nicht schön? Sieh dir die Blätter an, den Stängel, die Blüte und das kleine Herz in meinem Blütenkelch. Weißt du, wenn die Bienen zu mir auf Besuch kommen, reden wir über die Torheit der Menschen.«

Heute musst du glücklich sein

Willst du ein sicheres Mittel wissen, um niemals glücklich zu sein? Denke voller Trauer an die schönen Tage, die unwiderruflich vergangen sind. Warte ewig auf ein zukünftiges Glück, das irgendwann einmal kommen soll.

Meine nicht zu schnell, du könntest erst glücklich sein, wenn du dieses berufliche Ziel erreicht und jenen privaten Traum verwirklicht hast, wenn du einen Supermann oder eine Traumfrau hast, wenn du dir eine tolle Wohnung und kostspielige Reisen leisten kannst. Wahres Glück ist kein extravaganter Luxusartikel, unerschwinglich teuer und unerreichbar fern.

Dein Glück ist ganz nahe. Am Tage von heute blühen kleine Freuden an deinem Weg. Du musst sie nur entdecken und dafür dankbar sein. Hör auf, die Nöte von gestern wiederzukäuen. Mach dir keine sinnlosen Sorgen um die Zukunft.

Wenn du heute nicht glücklich sein kannst, erwarte nicht, dass morgen ein Wunder geschieht. Heute musst du glücklich sein.

Es gibt keinen Fahrstuhl zum Glück.
Man muss die Treppe nehmen.

Optimisten sind seltsame Wesen. Wenn die Erde voller Dornen und Disteln ist, finden sie immer noch irgendwo eine Blume. Wenn alles verdorrt und zur Wüste geworden ist, sind sie die seltenen Vögel, die eine Oase aufspüren.

Wenn Optimisten den breiten Strom der Pessimisten kreuzen, bekommen sie plötzlich andere Namen: Spinner, die an der Wirklichkeit vorbeileben; Naive, die keine Ahnung haben; Träumer, die Utopien nachhängen. Pessimisten nennen sich selbst Realisten, die mit beiden Beinen auf dem Boden der Wirklichkeit stehen. Dabei stecken sie fest im Dreck der Welt und sitzen so tief im Schatten, dass sie von der Sonnenseite des Lebens nichts mehr mitbekommen.

Optimisten machen sich auf den Weg. Sie sind auf dem Weg zur anderen Seite, zur Sonnenseite. Zu dem Land, wo man leben und überleben kann. Optimisten glauben an die Früchte des Geistes: Liebe, Friede, Freude, Geduld und Treue, Freundlichkeit und Güte. Die Pessimisten haben von diesen Früchten niemals gegessen und sind schon längst gestorben, lange bevor sie tot sind.

Nur die Optimisten werden überleben!

Heilbare Traurigkeit

Es gibt eine Traurigkeit, die kommt, wenn wir zu sehr an uns selbst und an materiellen Dingen kleben. Wir sind bitterböse über Menschen, die uns scheinbar zu wenig beachten. Wir werden eifersüchtig bei dem Gedanken, was andere alles haben, wie viel mehr als wir.

Wir fangen an, uns zu bedauern: Wie schwer doch alles ist und wie schlecht es gerade uns geht!

Dabei gibt es so viele Bäume und Blumen, so viele Vögel und Schmetterlinge, so viele Wiesen und Wälder und so viele Wunder um uns herum, die nur darauf warten, einen Menschen von seiner Traurigkeit zu heilen.

Lerne die Namen der Bäume und Blumen,
die Namen der Vögel und Fische
und den Namen Gottes.
Öffne dich für seine Wunder.

Selbst im Winter blühen Blumen

Du hast nur ein Leben. Es gibt dunkle Tage und helle Tage. Mach daraus, was du vermagst.

Du hast nur ein Leben. Versuch es mit diesem Leben. Wenn du es ablehnst, hast du kein Leben mehr.

Die Nacht kann nicht so dunkel sein, dass nicht irgendwo ein kleiner Stern zu finden wäre.

Die Wüste kann nicht so trostlos sein, dass nicht irgendwo eine kleine Oase zu entdecken wäre.

Irgendwo bleibt uns immer eine kleine Freude. Es gibt Blumen, die blühen selbst im Winter.

Nicht mit Geld zu bezahlen

Geld ist etwas Gutes. Für die meisten Menschen bedeutet Geld den Lebensunterhalt, das tägliche Brot. Das wollen alle haben, das ist ihr gutes Recht. Aber wenn wir so viel Geld wie möglich haben wollen, fangen die Konflikte an. Wenn Geld zu einem Gott wird, beginnt der Dschungel. Er überwuchert die Welt und die Herzen der Menschen.

Vor dem Geld gehen Menschen in die Knie und werden zu Kriechern. Am Geld zerbrechen Familien und Freundschaften. Wegen Geld schlagen Menschen zu und werden zu Mördern. Geld kann Menschen zu Ausbeutern und Erpressern machen. Gier nach Geld macht blind. Man sieht keine Menschen mehr, nur noch Geld.

Menschen sind unendlich mehr wert als Geld. Was wir sind, ist wichtiger, als was wir haben. Wir machen uns zu viele Sorgen um das Geld und zu wenig Sorgen um das

Glück der Menschen. Daher gibt es unter den Menschen viel mehr Geld als Glück.

Ein Baum weiß, wann der Frühling kommt. Auch die Menschen wissen das, wenn sie mit der Natur verbunden sind, denn sie fühlen das Geschenk des Lebens. Aber die meisten Menschen wissen das nicht mehr.

Sie denken nur noch daran, was sie noch alles haben müssen und wie sie das Geld dazu bekommen. Wer alles haben will, wird niemals zufrieden sein. Das Leben macht ihm keine Freude. Er ist ein Vogel mit zu schweren Flügeln. Er wird niemals zur Sonne fliegen können.

Wer sich mit wenig zufriedengeben kann, wird mehr erhalten, als er erwartet. Alles, was er erhält, wird wie ein Wunder sein. Ihm werden die Wunder des Lebens geschenkt.

Das Wichtigste ist niemals mit Geld zu bezahlen: Sympathie, Herzlichkeit, Zuwendung, Freundschaft.

Mehr als Geld brauchen wir Liebe.
Wirklich Mensch werden
können wir allein in Liebe.
Liebe ist die Kaufkraft des Glücks.

Mensch, ich hab dich gern

Es ist kein Zweiter so wie du. Einzigartig bist du, einmalig, ganz ursprünglich und unwiederholbar. Du glaubst es nicht, aber es ist kein Zweiter so wie du von Ewigkeit zu Ewigkeit.

Und jeder Mensch, den du gern hast, bleibt kein gewöhnlicher Mensch. Eine seltsame Anziehungskraft geht von ihm aus. Irgendwie wirst du anders durch ihn. Zu ihm kannst du sogar sagen: Meinetwegen musst du nicht ohne Fehler sein, perfekt und vollkommen. Ich hab dich doch gern.

Menschen faszinieren mich, je länger, je mehr. Menschen sind jeden Tag ein Abenteuer, wenn man zu staunen vermag. Nicht nur über das Äußere, das man sehen kann, sondern vor allem über das unergründliche Innere, das uns in der wunderbaren Verpackung des Leibes ganz nahekommt und zugleich unendlich fernbleibt.

Ich verstehe die Menschen nicht – und habe sie doch gern. Ich kann nicht auf sie verzichten. Auf die Menschen, die mich nötig haben, und auf die Menschen, die ich nötig habe. Menschen mit fragenden Augen. Menschen, die leiden, die verbittert und verzweifelt sind. Menschen, unfähig, an irgendetwas Freude zu haben. Ich versuche, sie aus dem selbstgemachten Gefängnis zu befreien.

Und dann gibt es noch die Menschen, die dich zum Nachdenken bringen oder auch zum Lachen. Menschen, die froh sind, dich zu sehen, und die dir das auch sagen. Viele gute Menschen mit einem verborgenen, unbegreiflichen Reichtum in ihrem Herzen.

Du kannst nicht leben ohne Menschen, die dir von Zeit zu Zeit unaufgefordert zu verstehen geben:

Mensch, ich hab dich gern.

Das ist von größter Bedeutung in der Ehe. Das ist eine Lebensnotwendigkeit für ein Kind. Eine Quelle des Glücks für einen alten Menschen. Ein Stück Gesundheit für einen kranken Menschen. Ein stiller Trost für einen einsamen Menschen.

Du kannst nicht leben ohne Menschen, die dich mögen. Vielleicht gibt es in deiner Nähe

Menschen, denen du zu verstehen geben kannst: Ich hab dich gern. Die das genauso brauchen wie du selbst. In deinen Händen liegt ein Stück von ihrem Glück.

Wenn du am Grab eines lieben Menschen stehst, sind es gerade die versäumten Liebeserweise, die vergessenen Aufmerksamkeiten, die am meisten weh tun. Der einzige Trost, der über die Grenzen des Todes reicht, ist die Liebe, die du anderen in ihrem Leben gegeben hast.

Das Einzige, worum es letztlich geht:
lieben und glücklich sein.

Wie du weiterkommst

Im Leben kann man nicht zurückfahren. Man kann die Zeit nicht umdrehen und rückwärts laufen lassen, um sich die schönsten Tage zurückzuholen. Du musst weiterfahren, nach vorn – Tag für Tag, Jahr für Jahr.

Du kannst nicht stehenbleiben. Keiner kann die Zeit anhalten. Wenn Kreuzungen kommen, gib acht auf die Ampeln, auf das rote und das grüne Licht. Maßlose Habgier, verrückter Egoismus, krankhafte Eifersucht sind das rote Licht im Leben. Dahinter drohen Irrwege und Abgründe. Güte, Hilfsbereitschaft, Taktgefühl stellen das Licht an deiner Lebensstraße auf Grün. Hiermit kommst du weiter. Hiermit hast du freie Fahrt im täglichen Verkehr mit den Menschen. Lass den Motor deines Herzens warmlaufen. Und vergiss nicht, dass es nur einen Zündschlüssel gibt: die Liebe.

Genießen können

Hast du Sorgen? Dann schau einmal in dein Herz, um zu sehen, was das für Sorgen sind und ob sie es wirklich wert sind, dass du dir so viel Kopfzerbrechen machst. Wie wirst du deine Sorgen los? Lauf nicht vor ihnen weg. Deine Sorgen sitzen unter deiner Haut. Sie fliehen mit dir mit. Insgeheim zernagen sie dir alle Lebensfreude. Holst du sie nicht aus ihrem Versteck, dann lauern sie auf dich überall.

Wie wird man manche Sorgen los?

Auf dem Weg einer gesunden Lebensphilosophie: kranke Gedanken sanieren, wirre Gefühle reinigen, nach oben schauen, in allem das Licht suchen. Vom Leben nicht mehr erwarten, als es geben kann. Auf einfache Weise versuchen, glücklich zu sein: die einfachen Dinge jeden Tag dankbar genießen.

Um leben zu können, musst du genießen können. Ich meine nicht die Genusssucht, die viele Menschen krank und zu Sklaven macht, die so viele Menschen ins Unglück stürzt. Um genießen zu können, musst du frei sein. Frei von Gier, frei von Neid, frei von einer Leidenschaft, die dich zerreißt und zerstört.

Wenn du genießen kannst, kannst du lachen. Du freust dich. Du bist dankbar, dass jeden Morgen die Sonne für dich aufgeht. Du kannst selig sein über ein weiches Bett und über eine warme Wohnung. Du triffst freundliche Menschen. Die Freundschaft Gottes kommt dir entgegen in jedem Lächeln, in jeder Blume, in jedem guten Wort, in jeder hilfreichen Hand, in jeder Umarmung.

Wenn du kleine Dinge
in aller Ruhe genießen kannst,
dann wohnst du
in einem Garten voller Seligkeit.

Der Leib – eine wunderbare Gabe

Mit deinem Leib bist du gegenwärtig: sichtbar, greifbar, fühlbar. Mit deinen Augen kannst du lachen und weinen. Mit deinem Kopf kannst du denken und träumen. Mit deinem Mund kannst du sprechen und essen. Mit deinen Händen kannst du streicheln, arbeiten, schreiben. Mit deinem Herzen kannst du zärtlich sein und trösten.

Dein Leib ist dein Haus auf Erden, deine Augen sind deine Fenster zur Welt. Du bist mehr als dein Leib, aber du kannst deinen Leib nicht entbehren. Du musst gut für ihn sorgen und ihn nicht verwöhnen. Lass dir von der Werbung keine sinnlose Bequemlichkeit aufdrängen, bis du am Ende nur noch Finger für Fernbedienungen hast. Ein gutes Wort ist möglich, weil du einen Mund hast. Eine sanfte Gebärde, weil du Hände hast. Ein liebevoller Blick, weil du Augen hast. Dein Leib ist Träger der Zärtlichkeit.

Eine andere Art von Kapital

»Mensch, ich hab dich gern!« Hast du nie das Verlangen gespürt, alle Menschen vor Freude zu umarmen und glücklich zu machen? In uns lebt ein ewiges Suchen nach dem Unendlichen, nach etwas, das uns ganz und für immer erfüllt. Aber alles, auch die schönste Begegnung, ist so vorläufig, dass es sehr tief schmerzen kann.

»Mensch, ich hab dich gern.« Du bist genauso verletzlich und ebenso allein wie ich. Du gehst denselben Weg zum selben Ziel und Ende. Gehetzt, gemächlich, vergnügt, verängstigt, ich weiß es nicht. Wir sind unterwegs. Und dabei laufen wir in dieser Welt oft wie in einem Supermarkt herum: sehen, suchen, nehmen; bezahlen, verbrauchen, wegwerfen. Mit der Zeit wird das entsetzlich langweilig und sinnlos, wenn wir das tiefste Verlangen in uns – Liebe zu empfangen und Liebe zu verschenken – mit Dingen betäuben, die man gegen Geld kaufen kann.

Wir müssen eine andere Art von Kapital investieren, das Kapital der Güte, der Zuwendung und Freundschaft. Es gibt zwei Welten, um darin zu leben: die Welt des Geldes und die Welt des Herzens. Entscheiden wir uns für die Welt des Herzens, um darin glücklich zu werden wie ein Kind.

Mit den Augen eines Kindes

Herr, gib mir die Augen eines Kindes.
Gib mir ein Lächeln für diesen Tag.

Steig jeden Morgen aus dem Bett mit einem solchen Gebet. Schau nicht so schrecklich ernst und wichtig drein. Ich weiß, vor dir liegen vielleicht große Probleme. Aber mach sie nicht noch größer, als sie wirklich sind. Dann werden sie zu riesigen schwarzen Wolken, die alles verfinstern. Du musst kein Super-Optimist sein, aber wer alles schwarz sieht, für den sieht selbst die Sonne schwarz aus.

Wünsch dir die Augen und das Herz eines Kindes, das quietschvergnügt über den verbotenen Rasen rennt, das über einen kleinen Fisch im Wasser staunt, das nach den Sternen fragt, wer sie angezündet hat. Niemals mag es dich wegen deines dicken Kontos, sondern weil du mit ihm spielst und lachst, weil du fantastische Geschichten erzählen und lustige Lieder singen kannst.

Ihr Großen, hört einmal auf die Kinder. Ihr habt zu lange auf Experten und Funktionäre, Direktoren und Generäle gehört. Ihr habt zu lange an Besitz und Macht, an Wohlstand und Waffen geglaubt. Alles wird neu, wenn wir auf Kinder schauen; denn Kinder weisen uns auf das hin, was in der Welt in Vergessenheit geraten ist: das Wunder von allem, was lebt.

Ihr Großen, empfangt die Augen eines Kindes, um das Leben anders zu sehen. Empfangt den Traum eines Kindes nach dem verlorenen Paradies. Empfangt das Lachen eines Kindes und seine Freude an den kleinen Dingen. Empfangt das Herz eines Kindes, um an die Liebe der Menschen zu glauben.

Lachst du Kinder an, lachen sie zurück.
Lachst du Große an, fragen sie sich:
Warum lacht der?

Ein guter Stoßdämpfer

Wenn alles so traurig ist, dass keiner mehr lachen kann, und alles so aussichtslos, dass es nichts mehr zu lachen gibt, dann kann allein der Humor immer noch ein Lächeln hervorzaubern. Nicht weil es Freude gibt, gibt es Humor, sondern dort, wo alle Freude gestorben ist, an den unerträglichen Tagen, gerade dort lebt der Humor.

Humor trägt die Menschen
durch die Wüsten des Lebens.
Humor lässt sie nicht untergehen,
wenn das Leben trostlos ist.

Humor lehrt relativieren. Humor hilft, trotz allem zu lachen. Humor findet man nicht, wenn man krampfhaft danach sucht. Humor ist ein Geschenk. Humor lässt den Kopf lachen, während das Herz weint. Man entdeckt plötzlich, wie komisch manche Sachen sind, wenn man sie einmal von einer ganz anderen Seite betrachtet. Man entdeckt, dass manchmal auch große Elefanten nur kleine Mäuschen in die Welt setzen und wie lächerlich Menschen sind, die sich auf Kosten anderer amüsieren.

Wenn es im Leben kracht,
ist Humor ein guter Stoßdämpfer.

Humor macht viele Dinge relativ. Was riesengroß erscheint, wird lächerlich klein. Was furchtbar schwer aussieht, verliert seine Last. Humor macht manches möglich, was unmöglich erscheint. Manches Ungewitter geht vorbei ohne Donner, Blitz und Hagelschlag.

Der Clown

Ich liebe den Clown, die Blume am Hut, die Knollennase im Gesicht, die Hose viel zu groß, die Jacke viel zu lang und das Hemd knallbunt. Der Clown rennt und stolpert, rudert mit den Armen, und nie weiß er genau, wohin. Begeistert legt er los, und jedes Mal geht etwas schief.

Das ist seine Kunst: Gerade in allem, was danebengeht, findet er ein Stück vom paradiesischen Glück.

Ich liebe den Clown, er ist ein wunderbarer Mann. Er existiert nicht für sich, allein wäre er kein Clown mehr. Er geht aus seinem Ich heraus, um den Menschen zu gehören. Er geht in die Torheit der Menschen hinein und bringt sie zum Lachen über sich selbst. Er stellt alles auf den Kopf: Hochnäsigkeit zappelt am Boden, Selbstherrlichkeit wird lächerlich.

Der Clown schlüpft in die Haut derer, die stets die Dummen sind, die Zu-kurz-Gekommenen und die Hereingelegten. Er ist ein wahrer Lebenskünstler, weil er relativieren kann. Selbst über sein Missgeschick vermag er zu lachen.

Nur der Clown kann lachen, wenn er weint.
Und wenn er weint, lachen die Menschen.
Sie vergessen ihre Sorgen.
Sie lachen Tränen.
Der Clown ist ein wunderbarer Therapeut.

Vorsicht – zerbrechlich

Jedes Kind verlangt mit seinem ganzen Wesen nach Zärtlichkeit und Liebe. Es braucht ein warmes Nest, in dem es sich wohlfühlt, sicher und geborgen. Alles, was in diese Geborgenheit einbricht, verletzt das Kind an der Wurzel seines Lebens und hinterlässt tiefe Wunden. Menschen sind leicht zu verletzen. Bewusst oder unbewusst suchen sie ihr Leben lang ein Zuhause beieinander. Sie sehnen sich nach Verständnis, nach Anerkennung, nach einem Blick der Güte, nach einer helfenden Hand. Wenn sie keine menschliche Wärme, kein Vertrauen finden, sind sie dazu verurteilt, von innen vor Kälte abzusterben. Menschen tragen in ihrem Herzen Wunden davon, die manchmal jahrelang nicht heilen, weil sie in der Härte des täglichen Lebens immer wieder aufreißen.

Sei behutsam im Umgang mit anderen!
Menschen sind leicht zu verletzen.

Niemals lachen
ist nicht ernst zu nehmen

Es gibt Menschen, die sieht man niemals lachen. Sie sehen aus, als ob jeden Tag die Welt unterginge. Wir leben in einer traurigen Welt mit viel zu vielen traurigen Menschen. Es gibt auch Menschen, die sind überall gut aufgelegt, nur nicht zu Hause. Da sind sie Trauerklöße. Überall sind sie witzig, charmant und amüsant. Nur zu Hause sind sie schlecht gelaunt und unausstehlich.

Oft stimmt etwas nicht, wenn Menschen lachen. Es gibt zu viel gespieltes Lachen, zu viel gemeines, dreckiges Lachen, zu viel nach Geld schielendes Lachen, zu viel höhnisches, verletzendes Lachen. Ein befreiendes Lachen kommt allein aus einem weiten, befreiten, liebevollen Herzen.

Natürlich gibt es Tage, da kann man nicht lachen. Tage voller Sorgen und Leid. Tage, an denen der Tod anklopft. Dann kann man nicht lachen. Wer dann lacht, wäre wahnsinnig.

Ängstliche Menschen

Ängstliche Menschen neigen zum Grübeln. Sie malen sich lauter schlimme Möglichkeiten aus. Ängstliche Menschen sind komplizierte Menschen. Sie verwickeln sich in ihren Gedanken und springen von einer Idee zur anderen. Sie müssen sich immer verteidigen. Sie leben in ständiger Alarmbereitschaft.

Ängstliche Menschen machen sich selbst unglücklich. Sie sehnen sich jeden Tag nach überflüssigen Sorgen, nehmen sie in die Arme und verhätscheln sie. Sie pflegen ihr eigenes Unglücklichsein. Sie glauben erst gar nicht, dass die Sonne scheinen könnte, und verkriechen sich lieber frierend im Schatten.

Das Leben ist nicht zum Grübeln da. Dafür ist die Zeit zu schade. Dafür ist der Mensch nicht gemacht.

Angst vor morgen kommt immer einen Tag zu früh.

Ängstliche Menschen klammern sich gern an andere und werden aufdringlich. Oft sind es einsame Menschen, Menschen, die nicht wagen, allein zu sein. Alles, was aus Angst beschlossen wird, ist eine verkehrte Entscheidung. Aus Angst wird niemals Freude und Glück geboren.

Die Angst hat viele Gesichter: Angst, verlassen zu werden und allein zu sein … Angst, zu versagen und zu verlieren … Angst vor der ungewissen Zukunft … Angst vor Gewalt, Unglück, Krankheit.

Alle Angst im Leben geht letzten Endes zurück auf die Angst vor dem Tod.

Weil der Mensch so fest am Leben hängt, verursacht das Loslassen so viel Schmerz.

Nur wer lernt: geben statt nehmen, loslassen statt festhalten, der kann frei und entspannt leben, glücklich und ohne Angst.

Eine kostbare Gabe

Mut ist eine kostbare Gabe. Wir können viel verlieren, ohne wirklich unglücklich zu sein. Wenn wir den Mut verlieren, haben wir alles verloren. Wer den Mut verliert, ist wie ein Vogel, der seine Flügel verliert. Da ist kein freier Himmel mehr, keine frische Luft, keine Sonne, keine Zukunft.

Wie bekommen wir Mut? Alles hängt daran, wie wir das kleine Stück Leben anschauen, das unser eigenes Leben ist, das eingespannt ist zwischen Wiege und Grab, so zerbrechlich und so kurz. Ist unser Auge rein und unser Herz frei von Sucht, von Habsucht, Selbstsucht, Geldsucht, dann sehen wir unser eigenes Leben viel klarer. Wir können es positiv sehen, denn wir sehen es wieder im Licht.

Mutlosigkeit legt sich aufs Herz, schlägt auf den Magen und sitzt in den Knochen. Mutlosigkeit ist ein spitzer Stein in den Schuhen, jeder Schritt wird zur Qual. Mutlosigkeit ist ein bleiernes Gewicht an den Beinen, damit kommen wir nicht weiter. Ohne Mut können wir nicht leben, nicht arbeiten, nicht lachen, nicht beten.

Mut ist eine seltsame Kraft, mit Mut kommt man überall durch. Mut lässt die Sonne scheinen durch alle dunklen Wolken hindurch.

Anderen und sich selbst Mut machen ist das Beste, was ein Mensch tun kann. Wenn wir sagen: Hab Mut, sagen wir zugleich: Du bist nicht allein.

Regenwolken gehören in die Sonne

Bist du glücklich? So richtig von Herzen glücklich? Dann behalte dein Glück nicht für dich allein, sondern teile es mit anderen. Sonst geht es verloren.

Bist du unglücklich? Lachst du selten oder nie? Fühlst du dich unzufrieden? Dann denkst du vielleicht zu viel an dich selbst, an deine Sorgen, dein Geld, deine Gesundheit, deine Probleme, deine Leiden …

Wer sich immer nur mit sich selbst beschäftigt, kann nicht glücklich sein, weil er nicht mehr lieben kann. Und nicht mehr lieben können, das ist das Ende jeder Freude und der Anfang der Hölle. Probier es mit Freundlichkeit. Versuche, dein Ich zu vergessen, und zeige dein wahres Herz. Sei liebevoll zu jedem. Über einem Streit lass die Sonne nicht untergehen.

Häng deine Regenwolken
zum Trocknen in die Sonne.

II.
Gute Menschen
machen gute Zeiten

Der Mühe wert

Es gibt in der Welt verschiedene Arten von Menschen: Große und Kleine, Frauen und Männer, Schwarze und Weiße, Reiche und Arme, Untergebene und Vorgesetzte, Mächtige und Machtlose – alles Menschen unter der einen Sonne und in dem gleichen Dorf, das Erde heißt.

Und doch werden die Menschen keineswegs gleichwertig behandelt. In der Welt bestimmt sich der Wert eines Menschen meistens nach seiner Leistung, seinem Auftreten, seinem Einfluss, seinem Konto. Ein Armer, der ökonomisch nicht zählt, ein Kranker, der nicht mehr arbeiten kann, ein Machtloser, der sich nirgends Geltung verschaffen kann, ist für viele in der Welt nichts wert.

Sei Mitmensch! Halte die Augen offen, damit du an den anderen nicht vorbeiläufst, als ob sie Luft für dich wären. Versuche, dich in die Lage der Menschen neben dir zu versetzen, in ihre Haut zu schlüpfen. Das ist viel verlangt, aber es ist der Mühe wert. Du wirst sie besser verstehen und weniger verurteilen. Du wirst hinter ihrer rauen Schale entdecken, wie sehr sie nach Verständnis und Hilfe hungern. Verkriech dich nicht, wenn sie dich brauchen. Mitmenschen: sie sind deiner Mühe wert.

Andere Menschen sind auch Menschen.
Selbst dein Nachbar ist besser,
als du denkst.

Mein Hobby: Menschen gerne sehen

Menschen gerne sehen, das heißt: die eigene Frau, den eigenen Mann gerne sehen, die Nachbarin, den Kollegen, die Verkäuferin, den Behinderten, den Vorgesetzten gerne sehen, alle Menschen gerne sehen, mit denen man zusammenkommt, zusammenarbeitet, zusammenlebt. Menschen gerne sehen, das heißt: ihnen die Hand geben und ein freundliches Gesicht dazu; sie ansprechen; ihnen beistehen in Stunden der Not. Das heißt oft: vom hohen Ross heruntersteigen, über den eigenen Schatten springen. Menschen gerne sehen: Diesem Hobby können wir uns widmen, während wir unsere normale Arbeit tun. Menschen brauchen Mitmenschen. Wenn wir Menschen sehen, wie sie traurig sind, holen wir dann für sie ein wenig Sonne vom Himmel und pflücken wir für sie in der Nacht Sterne, um ein wenig Licht in ihre Dunkelheit zu bringen.

Theater um Herrn/Frau Ich

Jeden Tag begegnen wir Herrn oder Frau Ich. Herr Ich ist leicht zu erkennen. Er sagt immer: Ich, ich, ich. Herr Ich ist voll von sich. Seine Worte sind die wichtigsten, seine Gedanken die besten, seine Erlebnisse die aufregendsten, seine Wünsche die dringendsten, seine Leiden die schlimmsten. Alles dreht sich um ihn. Wo er ist, ist der Mittelpunkt der Welt. Herr Ich ist sehr beschäftigt. Er hat nie Zeit für andere. Herr Ich oder Frau Ich wohnt in jedem Menschen.

Wer voll ist von sich selbst,
ist im Grunde leer.

Wir werden nicht größer,
wenn wir andere kleiner machen.

Manche Menschen, wenn sie ihre vier Wände verlassen und unter Menschen gehen, besteigen ein hohes Podest, eine unsichtbare Bühne. Sie denken: Jetzt leuchten Scheinwerfer auf und richten sich auf mich. Und während alles andere vor ihnen im Dunkel versinkt, genießen sie den Schein: Schaut her, hier bin ich, hier ist mein Ich.

Wie oft sagen wir im Laufe eines Tages: Ich! Wir würden staunen über eine Aufzählung unseres tausendfachen Ichs. Wie schnell rücken wir uns selbst in den Vordergrund, wenn wir mit Menschen umgehen. Wie gern richten wir Scheinwerfer auf uns selbst, wenn wir mit anderen sprechen.

So viel Theater – ist es nicht zum Lachen? Ist es nicht viel einfacher, vom hohen Podest herunterzusteigen und die Scheinwerfer auszumachen? Wir werden erst glücklich, wenn wir frei werden von der lächerlichen Jagd nach eingebildeter Größe, nach ständiger Beachtung unseres kleinen Ichs. Wir können den befreienden Schritt tun auf einen anderen zu, auf einen Menschen in unserer Nähe, auf einen, der vielleicht schon lange auf uns wartet.

Seltsame Sachen

Um glücklich zu sein, ist nicht wichtig, mehr zu besitzen, sondern weniger zu begehren. Viele machen es gerade umgekehrt. Mit dem, was sie haben, sind sie unzufrieden. Deshalb kaufen sie Sachen, die sie gar nicht brauchen. Nur weil der Nachbar sie hat, weil die Werbung sie anpreist und weil sie damit gewissen Leuten imponieren möchten, die sie nicht leiden können.

Mach da nicht mit! Du hast nur etwas Überflüssiges mehr, und schon morgen sticht dir etwas Neues in die Augen. Früher oder später merkst du doch, dass alle diese seltsamen Sachen dich nicht glücklicher machen. Reich und glücklich bist du, nicht wenn du viel besitzt, sondern viel entbehren kannst. Suche nicht, Reichtümer zu besitzen, sondern ein Reichtum zu sein – für andere.

Warum sind die reichsten Menschen keineswegs auch die glücklichsten Menschen? Sie werden fast unvermeidlich Sklaven ihrer materiellen Ansprüche. Aber Glück hat nichts zu tun mit Besitz. Es liegt weder auf teuren Jachten noch an fernen Palmenstränden, es ist auch nicht abhängig von Aktien, Dividenden oder Honoraren. Sorge für ein zufriedenes Herz, dann wird das Glück dir folgen. Lass andere es in der Karibik suchen.

Der Mensch braucht Stille,
aber der Fortschritt gab ihm Lärm.

Der Mensch braucht Güte,
aber der Fortschritt brachte Konkurrenz.

Der Mensch braucht Gott,
aber der Fortschritt gab ihm Geld.

Müde

Montag morgen im Zug. Die Menschen sitzen da und dösen ihrer Arbeit entgegen. Sie sehen so müde aus, und sie müssen zur Arbeit. Warum sind sie am Morgen so müde?

Die Sonne geht auf. Die Sonne ist nicht müde. Die Vögel fliegen und flattern in den Sträuchern. Die Vögel sind nicht müde. Auf dem Bahnsteig lachen zwei Kinder. Die Kinder sind nicht müde.

Nur die großen Menschen sind müde und dösen ihrer Arbeit entgegen.

Der Schlaf ist wie ein Liebhaber, der abgewiesen wurde, der am Abend anklopfte und nicht hereingelassen wurde. Jetzt verfolgt er die Menschen am Morgen. Liebe Menschen, wenn ihr dem Schlaf nicht seine Stunden gönnt, wird er am Ende entmutigt ausbleiben. Ihr werdet nach Schlaf rufen, und der Schlaf kommt nicht mehr. Dann werdet ihr Tabletten kaufen für die Ruhe, die der Schlaf euch gratis gab.

Nimm dir Zeit

Ich war neulich in einem Versicherungsbüro. Da saßen in großen Räumen zahllose Angestellte hinter Glas. Kaum zeigte die Uhr halb fünf, fuhr es wie ein Wirbelsturm durch die Gänge und Räume. Wie von unsichtbarer Hand gepackt, sprangen die Angestellten aus den Stühlen und drängten zu den Türen. Wie auf der Flucht. Als ob eine Zeitbombe explodiert wäre. Was war los? Wovor fliehen die Menschen?

Wir erleben einen fantastischen Fortschritt, aber die Menschen sehen nicht glücklich dabei aus. Der Motor des Fortschritts heißt: Zeit ist Geld, aber die Menschen werden in dieser Maschinerie zermahlen. Wenn die Zeit für das Leben nur Zeit für das Geld ist, sind die Menschen bald am Ende. Die »Zeit-ist-Geld«-Maschine produziert kein Lebensglück. Das wächst nur auf dem Grund und Boden der Liebe.

Was nützt das ganze Tempo, wenn du doch

anhalten musst? Was nützt der ganze Reichtum, wenn du doch arm sterben musst?

Die Zeit, die die Menschen auf die berufliche Arbeit verwenden, wird immer kürzer. Sie bekommen immer mehr freie Zeit, immer längere Wochenenden, immer mehr Urlaub. Aber wenn man sich so umschaut, haben es die Menschen immer furchtbar eilig. Wenn man jemanden fragt, heißt es meistens: »Ich habe keine Zeit.«

Noch nie gab es so viele gehetzte Menschen. Väter und Mütter warten auf den Besuch ihrer Kinder: Die haben keine Zeit. Kranke und Alte sehen die Gesunden und die Jungen vorbeihasten: Die haben es so eilig. Ehepartner werden sich fremd: Sie haben keine Zeit füreinander. Warum haben wir so wenig Zeit? Die Werbewirtschaft, die Fernsehspots, die Freizeitindustrie reden pausenlos auf uns ein, was wir alles haben müssen, was wir alles tun müssen, was wir uns alles leisten müssen. Und so wird das ganze Leben lückenlos verplant.

Deshalb mein Vorschlag: Tu einmal nichts! Komm endlich zur Ruhe! In der Stille wohnen die Freuden des Lebens, die wir vor lauter Hetze verloren haben. Aus der Stille wachsen die kleinen Aufmerksamkeiten, die viel weniger Zeit brauchen, als wir meinen: ein gutes Wort, ein freundliches Gesicht, ein dankbarer Kuss, ein verständnisvolles Zuhören, ein überraschender Telefonanruf, ein selbstgemachtes Geschenk, ein fröhlicher Brief. Tilge aus deinem Leben das tödliche »Ich habe keine Zeit«. Hör auf mit dem mörderischen Tempo. Nimm dir Zeit, um für deine Mitmenschen ein guter Mensch zu sein.

Gute Menschen machen gute Zeiten

Wir klagen manchmal über schlechte Zeiten. Aber die Zeiten sind nur schlecht, wenn die Menschen schlecht sind. Gute Zeiten fallen nicht vom Himmel. Gute Zeiten können wir selbst machen, nicht allein mit Geld und Technik, sondern vor allem mit Herz und Güte. Nur gute Menschen machen gute Zeiten: wenn Wohlwollen herrscht; wenn Gewalt schweigt, wenn Wohlstand geteilt wird; wenn Menschen sich mögen; wenn Platz da ist für eine Blume und Zeit für ein freundliches Wort.

Zeit ist Geld, sagt man, und Geld der Nerv des Lebens, der Mist, auf dem alles wächst. Aber das ist eine Lüge. Viele fallen auf sie herein. Sie denken: Mit mehr Geld habe ich auch mehr Glück. Sie wollen immer mehr Geld und wissen nie, wann sie genug haben. Sie machen sich kaputt im unerbittlichen Räderwerk der »Zeit ist Geld«-Maschine. Stell die Maschine ab, halt die Uhr an, fülle die Zeit mit Liebe. Lebe!

Was ist Zeit?

Zeit ist der Abstand zwischen Morgen und Abend, der Abstand zwischen der Wiege und dem Grab. Zeit ist das Vergängliche an den Menschen und Dingen: die abgewetzte Jacke, die abgelaufenen Schuhe, die grau gewordenen Haare, die schmerzenden Gelenke, die Runzeln im Gesicht.

Was ist Zeit? Zeit ist Raum, um zu leben und zu genießen; Raum, für das Aufgehen der Sonne; für einen Vogel, der früh am Morgen singt; für eine Blume, die nur einen Tag blüht; für ein Kind, das dich anlacht; für ein gutes Wort, das jemand zu dir sagt.

Was ist Zeit? Die Stille genießen, wenn Radio und Fernsehen zum Schweigen gebracht sind; die Nähe und das warme Herz Gottes spüren in der Luft, die du atmest, in deinem Herzen, das klopft, in den tausend Dingen, die dir gratis gegeben werden, ohne dass du sie erbeten und ohne dass du sie verdient hast.

Kinder haben keine Vorstellung von Zeit. Sie gehen auf im Jetzt, gestern und morgen sagt ihnen nichts. Doch die Kinderjahre gehen vorbei. Es kommt der Tag, wo man die Uhr lesen kann und anfängt, an morgen zu denken. Aber das ist noch wie ein Morgen ohne Abend. Die Zukunft scheint unendlich.

Früher oder später kommt dann die Ernüchterung. Wenn Angehörige uns für immer verlassen, merken wir, wie kurz das Leben eines Menschen ist. Zwischen der Ewigkeit vor deiner Geburt und der Ewigkeit nach deinem Tod bist du nur einen Augenblick anwesend auf diesem kleinen Planeten.

Sieht man nur auf die Außenseite des Menschen, ist der Einzelne etwas schnell Vergangenes. Aber der Mensch ist mehr als ein Stück Materie. Der Mensch ist Geist, und Geist ist nicht an Zeit gebunden. In seinem Leib ist der Mensch Geist, existiert er in sich und entrinnt er der Zeit. Das Leben des Geistes endet nicht mit dem Tod, wenn die Verpackung des Körpers weggelegt wird. Das Leben des Geistes wird verwandelt und zur vollen Blüte gebracht, auch wenn wir uns jetzt noch keine Vorstellung davon machen können.

Fülle dein Herz mit Frieden

Wer eine Bombe legt, legt den Tod. Täglich werden tausend Bomben gelegt: in Gedanken der Rache, in Gefühlen des Hasses, in einem Verhalten, das Menschen erniedrigt, verletzt und vernichtet. Alle Waffen, von der Axt bis zur Atomrakete, sind Produkte menschlicher Erfindungskraft. Die große Gefahr, die die Menschheit bedroht, sitzt nicht nur in den ABC-Waffen. Sie sitzt im Menschen selbst, in allen Menschen, die an Gewalt glauben und an das Recht, der Stärkere zu sein. Gewalt gegen Gewalt heißt immer mehr Gewalt. Eine Spirale ohne Sinn und ohne Ende. Bevor eine Bombe explodiert, ist der Krieg längst in Gang gekommen – in den Herzen der Menschen.

Sorge für Frieden in deinem Herzen, sonst hast du nichts vom Frieden in der Welt. Sorge für Frieden in deinem Haus, sonst wachsen Menschen in Friedlosigkeit heran. Menschen, die Unfrieden drinnen haben, sind eine Gefahr für den Frieden draußen.

Wege zum Frieden gehen nicht über Straßen der Gewalt. Täglich werden Bomben gefüllt: mit zerstörerischen Gedanken, giftigen Gefühlen, verletzenden Worten, gemeinen Taten. Die große Gefahr, die uns bedroht, sitzt im Menschen selbst, im Menschen, der an Macht und Geld, an Besitz und Gewalt glaubt. Wer Frieden in der Welt schaffen will, muss ihn im Herzen gefunden haben. Fülle dein Herz mit Frieden. Neid auf die Reichen macht dich nicht reicher. Verbitterung über deine Krankheit macht dich nicht gesünder. Eifersucht auf die anderen, denen es besser zu gehen scheint, macht dich nicht glücklicher.

Wo Feindschaft herrscht, suche behutsamen Kontakt. Da hat dich ein Mensch tief enttäuscht und verletzt. In deinem Innern ist eine große Wunde. Dauernd musst du daran denken. Wie kann sie heilen? Vergib! Vergebung ist die schönste Gabe. Halte die Tür zur Versöhnung auch offen, wenn der andere vielleicht nichts davon wissen will. Und du wirst erleben: In der Bereitschaft zur Versöhnung beginnt sich deine Wunde zu schließen, und in der Vergebung blüht Frieden auf.

Wer Menschen froh machen will,
muss Freude in sich haben.

Wer Wärme in die Welt bringen will,
muss Feuer in sich tragen.

Wer Menschen helfen will,
muss von Liebe erfüllt sein.

Wer Frieden auf Erden schaffen will,
muss Frieden im Herzen gefunden haben.

Das wahre Bild

Von einem Menschen macht man sich ein Bild, und auf dieses Bild nagelt man ihn fest. Meistens ist das Bild, das man sich ausgedacht hat, einseitig, verzerrt und falsch. Meistens kennt man den anderen gar nicht näher. Es genügt, dass er zu einer anderen Gruppe, einer anderen Partei, einer anderen Religion gehört. Er steht auf der anderen Seite, und deshalb wird sein Bild von Unkenntnis, Antipathie, Angst und Hass gezeichnet.

Pflegst du, wenn du über andere redest, von ihren schlechten Seiten zu reden? Dann stimmt etwas nicht, dann fehlt dir etwas, dann bist du blind. Wenn du aber spontan gute Dinge über andere erzählst, dann hat man dich gern und sucht den Umgang mit dir, denn dann bist du ein guter Mensch. Bist du überzeugt, dass ein anderer neunundneunzig schlechte Seiten hat und eine gute? Dann rede über diese eine gute Seite, und von selbst kommen neue hinzu.

Fehlerlos und irrtumsfrei?

Wer ist schuld? Keine Frage: Die anderen sind schuld. Die anderen, die anders denken, die anders glauben und anders leben. Man selbst weiß es natürlich besser, macht es besser und ist besser. Man setzt sich auf einen hohen Richterstuhl und urteilt von oben herab: Die anderen sind schuld.

Diese Einstellung vergiftet das Zusammenleben der Menschen, in der großen Öffentlichkeit ebenso wie im kleinen Zuhause. Sie findet sich bei Männern und Frauen, bei Kindern und Lehrern, bei Politikern und Journalisten, bei Gewerkschaften und Parteien, bei Einzelnen und bei ganzen Völkern.

Sei nicht so streng mit den anderen. Versuche, dir vorzustellen, es könnte sich an ihnen auch etwas Gutes finden lassen, und du wirst überrascht sein, was sich da alles finden lässt und dass andere bestimmt so gut sind wie du selbst, vielleicht noch besser. Vergiss nicht, dass andere anders sind, anders denken, anders fühlen, und lass andere auch mal Recht haben.

Die meisten Richterstühle, von denen aus wir über die anderen urteilen, haben wacklige Beine: Überheblichkeit, Dummheit, Rechthaberei und gnadenlose Unbarmherzigkeit. Unsere wirklichen und einzigen Richter werden die Menschen sein, die unseretwegen am meisten entbehren mussten, denen wir am meisten vorenthalten haben, die Ärmsten unter uns, die vor Hunger und aus Mangel an Liebe sterben. Sie haben das Recht zu urteilen.

Einer, der immer Recht hat,
mit dem ist schlecht leben.

Menschen leben zusammen. Wenn ein Unfehlbarer darunter ist, einer, der immer Recht hat, entstehen schnell Spannungen und Konflikte. Mit einem Unfehlbaren kannst du nicht reden, du kannst ihm nur zuhören und Amen sagen, wenn du keinen Ärger willst. Wer ständig Recht bekommen will, der hat einen Hang zum Diktator. Unfehlbare gibt es gar nicht so selten. Vielleicht haben andere so etwas auch schon an dir entdeckt.

Zwei Menschen in dir

Manchmal ist es, als ob in dir zwei Menschen wohnen würden. Der eine, der alles gut macht und den du nach außen zeigst, und der andere, den du versteckst und für den du dich schämst.

Es gibt in jedem Menschen so etwas wie einen tiefen Bruch. Ich begegne Menschen, die trotz besten Willens immer wieder in ihr altes Übel zurückfallen. Menschen, die gut leben möchten und doch Dinge tun, die sie selbst nicht begreifen.

Warum ist das so? Weil ein Mensch kein Gott ist, kein Engel und kein Superwesen, sondern ein kleiner Pilger auf einem langen Weg. Und doch ist der Mensch ein wunderbares Wesen. Die Erfahrung der eigenen Schwäche macht ihn verständnisvoll für seine Mitmenschen.

Wer niemals ein eigenes Versagen zugeben kann, wird selbstgerecht. Sein Herz wird hart wie ein Stein, unfähig, andere zu trösten und aufzurichten, zu verstehen und zu verzeihen. Über Schwächen und Fehler bei dir selbst brauchst du dich nicht zu wundern. Vor deinen Schattenseiten kannst du nicht davonlaufen. Aber du darfst sie auch nicht verklären und Tugenden aus ihnen machen. Du musst damit leben lernen. Du weißt doch:

Niemand ist so gut
wie in seinen besten Augenblicken.

Niemand ist so schlecht
wie in seinen schlechtesten Augenblicken.

Freundschaft und Liebe blühen, wo Menschen sanft geworden sind, sanft in ihrem Urteil, sanft in ihren Worten und sanft in ihrem Umgang miteinander.

Menschenwürdiges Leben

Zum Leben brauchst du Luft. Wenn dir die Luft zum Atmen und der Raum zum Leben geraubt werden, musst du dich wehren und dein Recht fordern, dein Recht auf menschenwürdiges Leben. Aber wenn du überall Feinde siehst, wenn sich dein Herz verfinstert und wenn es anfängt zu hassen, dann geht die Tür zur Hölle auf. In deinem Herzen kann der Himmel wohnen. Aber du kannst in deinem Herzen auch die Hölle einrichten.

Manchmal leidet ein Mensch am meisten an dem Leid, von dem er fürchtet, es könnte kommen, während es in Wirklichkeit doch nicht kommt. So hat ein Mensch mehr Leid zu tragen, als ihm zu tragen aufgegeben wird.

Angst macht krank. Sie macht meistens mehr krank als das, was man befürchtet. Angst verbraucht Energie. Sie lähmt heute die Kräfte, die man morgen nötig hätte, um das Unglück zu ertragen.

Engel

Sie setzen sich für Menschen ein, die weniger Glück hatten. Sie zählen die Stunden nicht, und ihre Liebe zu den Menschen ist größer als ihr Streben nach Geld und Besitz. Sie reichen ihnen die Hände und bieten ihre Freundschaft an. Sie machen Besorgungen. Sie kümmern sich um Arbeitsplätze. Sie gehen in Gefängnisse. Sie sorgen für eine warme Wohnung. Sie streichen an und reparieren. Sie gehen mit Einsamen spazieren. Sie besuchen Kranke und begleiten Sterbende.

Wenn sie nicht wären, würden viele keine Hilfe und keine Freundschaft gefunden haben. Viele Herzen wären vor Kälte gestorben.

Es gibt noch Engel mitten unter uns. Sie haben keine Flügel, aber ihr Herz ist ein sicherer Hafen für alle, die in Not geraten sind durch die Stürme des Lebens.

Was man nicht tun muss

Wenn wir etwas verschenken, stoßen wir manchmal auf Protest: »Aber das hätten Sie doch nicht tun müssen!« Genau das ist es. Was man nicht tun muss, das ist wichtig, das bindet die Menschen aneinander. Was einem am anderen liegt, merkt man, wenn die Pflicht aufhört.

Wer schon manchmal in einem Krankenhaus lag, kennt den Unterschied zwischen einer korrekten Versorgung, bei der alles Notwendige pflichtgemäß getan wird, und einer Pflege, bei der eine liebevolle Aufmerksamkeit, ein freundliches Wort, eine kleine Geste hinzukommt. Dinge nur deshalb tun, weil man einen Menschen gern hat – das ist etwas Wunderbares. Einen Einsamen anrufen, nur um zu fragen, wie es geht. Einen Dienst, einen Gefallen tun, um den man nicht gebeten wurde, freiwillig. In einer Behörde weiterhelfen, auf freundliche Weise. Mit Blumen nach Hause kommen, ohne Grund. Einen Kuss geben, unerwartet.

Das Geschenk der Freundschaft

Freundschaft ist das schönste und kostbarste Geschenk, der Sinn aller Geschenke, die Menschen einander geben. Ein Geschenk, das Zeichen der Freundschaft, magst du schön verpacken. Aber die Freundschaft selbst lass frei – wie einen Schmetterling, der mit leichten Flügeln von einem Herzen zum anderen fliegt. Wenn du einen Schmetterling verpackst, kann er nicht mehr fliegen. Wenn du die Freundschaft verpackst, erstickt sie. Freundschaft ist frei, spontan und ohne Hintergedanken. Wenn du ein Geschenk kaufst, um dir einen Menschen gewogen oder gefügig zu machen, stirbt die Freundschaft. Ein Geschenk aus Freundschaft ist niemals groß und niemals schwer. Es belastet nicht, denn es wird getragen von Strömen der Sympathie, die absichtslos von einem Herzen zum anderen fließen. Freundschaft: In deinem Herzen leben Menschen, die da zu Hause sind und die da wohnen bleiben, auch wenn sie tot sind.

Durch nichts zu ersetzen

Du magst wissenschaftlich noch so gebildet sein, wenn du die Liebe nicht praktizierst, bleibt alles Theorie. Du magst pädagogisch noch so geschult sein, wenn du die Kinder nicht gern hast, bleibst du ihnen das Wichtigste schuldig. Du magst sozial und politisch noch so tüchtig sein, wenn dein Herz nicht für die Menschen schlägt, taugt alle Leistung zuletzt nicht viel. Nicht, dass Ausbildung und Wissenschaft, Tüchtigkeit und Leistung unwichtig wären! Aber allzu leicht wird heute vergessen, was nicht im Zeugnis steht, was nicht zu messen und nicht zu bezahlen ist. Die besttrainierte Psychologin ist noch lange nicht die liebste Ehefrau, und der hochqualifizierte Pädagoge noch lange nicht der beste Familienvater. Ein Herz für die Menschen ist durch nichts zu ersetzen. Denn zuletzt ist alles nichts ohne die Liebe. Liebe ist das Ziel des Lebens. Wer für etwas anderes lebt, kommt stets betrogen heraus.

Das Schlüsselwort heißt Liebe

Unsere Welt geht nicht zugrunde
aus Mangel an Wissen,
Sachverstand und Können,
sondern aus Mangel an Liebe.
Liebe heißt Menschen lieben,
nicht die abstrakte Menschheit,
sondern den konkreten Menschen
gleich nebenan.
Gruppenegoismus, nur seinesgleichen helfen,
ist noch keine Liebe.
Liebe heißt aus sich herausgehen,
um für andere zu leben.

In der Ökonomie der Liebe
muss man mehr geben,
als man besitzt.
Man muss sich selbst geben.

III.
Ohne die Liebe ist
alles nichts

Ein Zuhause

Jeder Mensch braucht ein Zuhause. Das gehört zu den Grundbedürfnissen und Grundrechten der Menschen. Wenn Menschen unmenschlich werden, fangen sie an, andere abzuschieben und abzustoßen. Menschen verlieren Geborgenheit, Wärme und Halt. Menschen fliehen vor Menschen, sie werden entwurzelt und heimatlos.

Ein Zuhause findet man nicht in einem Kollektiv, nicht in einer perfekten Organisation, nicht in einem Staat, wo aus menschlichen Kontakten unpersönliche Funktionen werden.

Ein Zuhause findest du nur bei einem Wesen mit einem Herzen, das für dich schlägt. Ein Jammer, dass in unseren Tagen solch ein Wesen für viele nur ein Hund oder eine Katze ist. Oft erfüllen Tiere eine Aufgabe, die Menschen versäumen. Wo sind wir zu Hause? Wo wir Wärme und Geborgenheit finden, wo jeder für jeden ein Herz hat.

Im siebten Himmel

Schlug das Herz nicht schneller und klang nicht die Stimme beklommen vor Glück, als du ihr, als du ihm den Ring als Zeichen der Liebe und Treue an den Finger stecktest? Die Liebe zwischen zwei Menschen ist ein großes Wunder. Man kann nur staunen.

Es gibt keine Grenzen mehr, keine Erde und keinen Himmel. Die Uhren ticken nicht mehr. Die ganze Welt steht still. Der Mond scheint hell wie die Sonne. Die Vögel zwitschern im Winter. Blumen blühen in den Augen. In allen Dingen liegt ein Zauber, und man beginnt, zu träumen vom gemeinsamen Fest des Lebens.

Lege die Liebe nicht auf die Waage. Miss nicht ab, wie weit und wie lange. Abgewogene und abgemessene Liebe ist keine Liebe, sondern Berechnung. Lass die Liebe spontan sein, ohne Hintergedanken, ursprünglich und echt, dann kommt Freude über dich, dir wird warm ums Herz, du bist glücklich, du könntest singen, tanzen und springen.

Die Liebe und
der lange Weg des Lebens

Wie kommen zwei Menschen zusammen, so eng zusammen, dass sie in stiller Zuneigung oder in leidenschaftlicher Begeisterung gemeinsam durchs Leben gehen wollen? Es ist ein großes Geheimnis.

Man kann nicht sagen, was die beiden so zueinander zieht. Vielleicht ein Blick, eine Bewegung, eine Bemerkung, ein Lachen. Bei jeder Begegnung schlug das Herz schneller. Man träumte voneinander. Man beschloss, beieinander zu bleiben und miteinander durchs Leben zu gehen.

Man fühlte sich zu Hause, geborgen in dem großen Geheimnis, das die Menschen »Liebe« nennen. Man wuchs mit dem Leben des anderen zusammen, so wie zwei Zweige an einem Stamm und aus einer Wurzel wachsen.

Aber der Lebensweg ist lang. Nicht jeden Tag läuten die Hochzeitsglocken. Die erste Begeisterung geht vorüber, und es kommen viele eintönige Tage. Man merkt mit der

Zeit immer mehr, dass der andere nicht nur gute Seiten hat. Du denkst vielleicht: Ich habe mich geirrt.

Aber du hast dich nicht geirrt. Du bist nur ein Mensch wie alle anderen Menschen auch. Alles Leben unterliegt dem Rhythmus von Tag und Nacht, Hoch und Tief, Ebbe und Flut. Jedes Jahr wird es Frühling und Herbst, Sommer und Winter. Hab Geduld, mit dir selbst und mit dem anderen, und verlass niemals das Haus der Liebe und Treue.

Die Liebe der Leidenschaft kann losbrechen wie ein Sturm, der Menschen entwurzelt. Seine Gewalt treibt die einen zusammen und die anderen auseinander: Aber eines Tages legt sich auch der heftigste Orkan. Dann wird das Ausmaß der Zerstörung sichtbar. Wenn der Sturm losbricht, gerate nicht in Panik, lass nicht alles los. Halt dich an den Wurzeln fest. Warte und hab Geduld. Der Sturm wird vorübergehen, echte Liebe wird bleiben.

Wenn es keine Liebe gibt, gibt es keine Ehe und keine Familie. Wenn es keine Liebe gibt, gibt es keine Gemeinschaft, keine Freundschaft. Wenn es keine Liebe gibt, gibt es keine Freude und kein Leben.

Wenn zwei Menschen sich lieben

Wenn zwei Menschen sich lieben, und wenn sie wollen, dass die Liebe bleibt, müssen sie dieselbe Richtung wählen. Erst wenn sie auf demselben Weg gehen, werden sie sich immer näherkommen. Wer meint, um sich gern zu haben, müsse man sich den ganzen Tag festhalten, weiß nicht, was Liebe ist. Nicht die sexuelle Beziehung ist grundlegend für die Liebe, sondern die Liebe ist grundlegend für die sexuelle Beziehung.

Liebe, wirkliche Liebe ist eine Kraft, die dir hilft, dich selbst zu überwinden, auf dass es dem anderen gut geht. Wenn du in der Liebe treu bleibst, wirst du nichts verlieren, auch wenn du durch einen dunklen Tunnel gehen musst. Wenn du in der Liebe nicht treu bleibst, findest du vielleicht vorübergehend Befriedigung, aber am Ende verlierst du alles.

Treu sein ist keine Kunst, wenn alles glatt geht. Treu sein zeigt sich, wenn alles schief läuft.

Der Mensch ist sein Leben lang
auf der Suche nach einem Zuhause.

Nur die Liebe ist das Haus,
in dem du ewig wohnen kannst.

Vitamine für die Ehe

Nach Jahren der Ehe fängt man wieder an zu träumen – von früher. Weißt du noch? Die Träume von früher können bitter sein, verglichen mit der Wirklichkeit von heute. Liebe und Treue können in Sturm geraten. Es gibt in einer Ehe so viele Überraschungen, so viele Schwierigkeiten, so viele unvorhersehbare Umstände, dass sich, wenn man eine Trennung suchte, immer ein Grund finden ließe.

Im Frühling der Liebe ist jeder Tag ein Fest. Aber man darf nicht vergessen: Jeder Frühling muss durch Herbst und Winter hindurch, um ein neuer Frühling zu werden.

Du kannst nicht leben ohne Liebe. Hüte deine Liebe Tag um Tag. In jeder Lieblosigkeit liegt ein Stückchen Untreue. Jeder Egoismus ist entartete Liebe. Wenn dann doch Tage kommen, da es nicht mehr geht, da nichts mehr geht, wenn durch törichte Fehler Risse entstanden sind und durch die Spalten

Nacht in Haus und Herz eindringt, dann gibt es nur eine Lösung, nur einen einzigen Weg wieder zum Licht: Vergebung. Wo nicht vergeben wird, da entsteht im Handumdrehen eine Mauer. Und eine Mauer ist der Anfang eines Gefängnisses. Der Partner, die Partnerin macht Dinge, die man nicht versteht, und man fragt sich: Wie ist das möglich? Du fängst an, um die Liebe zu kämpfen, und erfährst Hilflosigkeit und den Schmerz, zu wollen und doch nicht zu können. Dann braucht man viel Geduld. Man muss eine ganze Zeitlang blind fliegen, ohne zu sehen, ohne zu verstehen, in dem Bewusstsein, dass der andere eine Welt für sich ist, die einem im tiefsten Kern fremd bleibt.

Versöhne dich mit dem Leben, versöhne dich mit dem Glück. Es besteht aus so vielen Teilen, dass ein Teil immer zu kurz ist. Eine neue Gemeinsamkeit lässt sich nicht auf Vorbedingungen gründen, dass jeweils der andere anders werden müsste, sondern einfach darauf, dass einer den anderen glücklich machen möchte.

Und dann geschieht das Wunder. Alles, was man verloren meinte, kommt zurück, viel reicher und viel tiefer. Die Sonne ist wieder da. Alles sieht freundlich aus. Die Arbeit läuft. Man kann aufatmen, man mag wieder leben. Man hat einander wieder richtig gern. Beide sind wieder verbunden durch den Ring der Liebe und Treue.

Himmlisch wird die Erde

Himmlisch wird die Erde,
wenn ihr miteinander die tägliche Liebe feiert und nicht müde werdet, ihr Lager zu bereiten mit Blumen.

Himmlisch wird die Erde,
wenn ihr aneinander den Zauber bewahrt und euch den Raum gewährt, so und nicht anders zu sein.

Himmlisch wird die Erde,
wenn ihr voreinander alle bitteren Worte verbannt und mit einem Lächeln Dornen in Rosen verwandelt.

Himmlisch wird die Erde,
wenn ihr untereinander die Freude teilt über
die Sonne, die Vögel und die Menschen und
alle Wunder des Lebens.

Himmlisch wird die Erde,
wenn ihr euch einander die Treue haltet bis
ans letzte Ufer des Lebens, in die unsterb-
liche Liebe hinein.

Unerwartete Schwierigkeiten

Nicht selten habe ich den Eindruck, dass eine Menge Ehen zu früh aufgeben. Bekanntlich kommt es über kurz oder lang zu Krisen. Das Neue ist vorbei. Träume zerplatzen wie Seifenblasen. Es kommen Enttäuschungen. Es wird unerträglich. Man möchte fliehen. Viele halten heute eine Trennung für eine naheliegende Lösung.

Scheidung ist Flucht voreinander. Es gibt in einer Ehe so viele unerwartete Schwierigkeiten, so viele unvorhersehbare Situationen. Wenn man eine Scheidung für möglich hält, wird man früher oder später immer einen Grund dafür finden. Denkt nicht zu schnell an Scheidung, denkt auch daran, neue gegenseitige Verbundenheit zu schaffen. Nicht auf der Grundlage, dass der Partner so bewundernswert ist, so lieb und zärtlich oder so nett und stark und gut gelaunt, sondern weil du den festen Willen hast, dich dem anderen wieder zuzuwenden, dich mit ihm zu versöhnen und gemeinsam mit ihm weiterzugehen.

Und dann kann das Wunder geschehen. Alles, was du verloren meintest, kommt wieder, viel reicher und viel tiefer. Du kannst den anderen wieder gern haben. Es kommt sogar der Tag, an dem du über die durchgemachte Krise froh sein wirst. Darum gib nicht zu schnell auf.

Liebe und Treue – Schlüssel zum Glück

Es sei kein Urteil gefällt über eine zerbrochene Ehe. Es kann Umstände geben, wo keine andere Wahl mehr bleibt, wo das Leben zu einer Hölle geworden ist. Aber Ehe und Familie dürfen kein Trümmerhaufen werden. Eine Gesellschaft stirbt, wenn die Familie in die Brüche geht. Liebe und Treue müssen neu gesehen werden. Liebe ohne Treue ist eine Lüge. Körperliche Vereinigung allein hat keinen Bestand. Sie hat nur Sinn, wenn darin das Ineinander von Leib und Seele, von Geist und Herz zum Ausdruck kommt, wenn menschliche Verbundenheit und Verantwortung füreinander wachsen. Liebe und Treue hat man nicht einfach, sie müssen gepflegt werden. Liebe und Treue sind Früchte eines Baumes, der einem Kreuz gleichen kann. Seine Früchte wachsen langsam, aber einmal gereift, wird durch sie alles gemeinsame Leben zu einem Fest. Liebe und Treue sind die Schlüssel für ein Zuhause voller Leben und Glück.

Jeder Mensch, der auf die Welt kommt, ist sein Leben lang auf der Suche nach Geborgenheit. Ein Kind muss Zärtlichkeit und Geborgenheit bei einer Mutter und bei einem Vater finden. Jungen suchen Geborgenheit bei einem Mädchen und umgekehrt. Menschen suchen Geborgenheit in Ehe und Freundschaft.

Der Grund jeder Geborgenheit ist Liebe. Wo keine Liebe, sondern Selbstsucht herrscht, wird Geborgenheit zerstört. Menschen werden einsam, sie wissen nicht mehr, wo sie hingehören. Sie verlieren allen Halt, sind ohne Heimat, immer getrieben und niemals zufrieden. Das Drama unserer Zeit ist, dass wir einander keine Geborgenheit mehr geben können. Wir können einander kein Zuhause mehr geben, weil wir selbst nicht mehr geborgen sind, weil wir die Liebe verlernt haben, weil wir die Quelle aller Liebe, Gott, verlassen haben.

Ich möchte dir nur einfach sagen: Versuche in stiller Zuwendung zu Gott die Liebe wiederzufinden. Wenn du in Gott geborgen bist, kannst du auch deinen Mitmenschen Wärme, Geborgenheit, ein Zuhause geben. Und so wirst du glücklich werden.

IV.
Es gibt nur einen Weg
zum Menschen:
den Weg des Herzens

Wo Recht und Pflicht sich umarmen

Pflichten sind Dinge, die man tun muss, damit andere ihr Recht bekommen. Wenn keiner seine Pflicht tut, bekommt keiner sein Recht. Es gibt nur so viele Rechte, wie es Pflichten gibt. Was für einen Wert hat die großartige Erklärung der Menschenrechte für Menschen, die verhungern, weil andere nicht teilen wollen? Was bedeuten diese Rechte für Kinder, die verwahrlosen, die zu schwerer Arbeit, Prostitution, Gewalttaten gezwungen werden, weil Staat und Gesellschaft, Familien und Schulen ihre Pflicht nicht tun und die Rechte der Kinder nicht schützen?

Rechte fordern ist leichter als Pflichten erfüllen. Das Pflichtgefühl ist bei vielen unterentwickelt. Junge Menschen bei uns hören nicht viel davon. Rechte und Pflichten sind ineinander verzahnt. Getrennt voneinander können sie nicht existieren, außer in der Diktatur oder im Chaos, wo die Stärksten alle

Rechte haben und alle anderen nur Pflichten. Rechte und Pflichten umarmen sich, wo Menschen zu Mitmenschen werden, wo Liebe die Norm ist für alle menschlichen Beziehungen. Da entsteht Frieden und Freundschaft. Da tut jeder gern seine Pflicht. Da bekommt jeder sein Recht.

Auch das ist menschliche Größe:
seine Pflicht tun und Herz dazu geben.

Das Geheimnis aller Siege

Überall, in jeder Gemeinschaft und bei jeder Arbeit kommt eine Zeit, da steht es dir bis oben hin, da hast du es satt, und du meinst, es nicht mehr auszuhalten.

Die Arbeit, die dir am Anfang so viel Freude machte, wird langweilig, und die Leute, mit denen du begeistert begonnen hast, findest du unmöglich. Wenn du dann einfach aufgibst, bist du für keinen und zu nichts mehr wert.

Du wirst erst Glück und Erfolg haben, wenn du das gelernt hast: durchhalten. Eine Woche länger durchhalten ist das Geheimnis aller Siege. Wenn du ein Jahr länger durchhalten kannst, dann bist du frei von den Launen des Augenblicks, dann hast du Charakter. Heute ist zu viel von Kaufkraft die Rede und zu wenig von Willenskraft, von der Kraft, durchzuhalten.

Länger durchhalten
ist das Geheimnis aller Siege.

Das Saatkorn und die Frucht

Das Saatkorn: das große Geheimnis von Leben und Sterben, von Stille, Einfachheit, Verborgenheit. Es überlässt sich der Dunkelheit der Erde. Es fühlt die Wärme der Sonne. Es trinkt den Segen des Regens. Das Saatkorn sieht die Ähre nicht, aber es glaubt an die reiche Frucht. Der Weg des Saatkorns ist der Weg jedes Menschen zur Fruchtbarkeit und Reife.

Bei einem Baum ist alles von der Wurzel bis zur Spitze ausgerichtet auf die Frucht. So soll es auch beim Menschen sein. Alles in ihm, sein ganzes Wesen, sein ganzes Tun und Lassen, soll ausgerichtet sein auf die Frucht. Die Frucht aber ist die Liebe.

Es geht nicht darum, dass der Mensch Erfolg hat, sondern dass der Mensch Frucht bringt.

Erfolg, den genießt man selber.
Frucht, davon leben andere.

Arme reiche Leute

In den reichsten Ländern wohnen die ärmsten Menschen. Sie sind reich. Sie haben zu viel, und sie essen zu viel. Sie leben zu schnell und finden keine Ruhe. Sie profitieren von allem und genießen nichts.

Sie verschmutzen die Luft und das Wasser, ihr Herz und ihr ganzes Leben. Sie leiden unter allerlei Beschwerden und fühlen sich nie wohl. Sie wollen, aber sie können nicht schlafen. Arme reiche Menschen: Sie können nicht leben.

Geldgier macht arm, denn sie sagt nie: Genug! Geldgier macht viele Menschen todarm. Sie haben kein Leben mehr. Sie haben nur noch Geld. Habgierige haben niemals Frieden mit Habgierigen. Sie streiten wie die Hunde um jeden Knochen, auch wenn er aus Holz ist.

Krank in einer kranken Gesellschaft

Viele Menschen schwimmen in einem Strom von Wohlstand und wissen plötzlich keinen Rat mehr mit sich selbst und mit dem Leben. Was für ein erschreckendes Signal, wenn in den reichen Ländern junge Menschen den Tod suchen, während in den Hungerländern dieselbe Jugend nach jeder Schüssel Reis rennt, um am Leben zu bleiben! Das zynische Gesetz der Wirtschaft: Erst werden die Schwachen ausgeplündert, und dann werden sie an der Tür der Sozialeinrichtungen abgeliefert.

Wir treffen immer mehr unglückliche, entmutigte, verzweifelte Menschen. Menschen werden krank durch eine kranke Lebensweise, krank durch einen zerbrochenen Lebensrhythmus, krank durch eine vergiftete Umwelt, krank durch eine unnatürliche Nahrung, krank durch Überbewertung von Geld und Besitz, krank durch eine kranke Gesellschaft.

Wir entwickeln uns zu einer Gesellschaft, in der die eine Hälfte der Menschen von der anderen Hälfte sozial versorgt werden muss. Beratungsstellen, Sozialstationen, Therapie- einrichtungen, Auffanglager, Pflegeheime: moderne Menschenreparaturbetriebe. Ein gewaltiger Arbeits- und Kostenaufwand und am Ende: Flickwerk. Kranken Menschen leben helfen in einer kranken Gesellschaft, die sie noch kränker macht, ist ein Teufels- kreis. Er kann nur durchbrochen werden durch heilende Kräfte, die die Krankheits- erreger in der Gesellschaft und im Innern des Menschen überwinden.

Wir müssen neue Menschen werden, Men- schen mit einer neuen Sehweise und Einstel- lung, mit einem neuen Herzen. Menschen, die sich befreien lassen von Habsucht und Hass. Menschen, die mit wenig zufrieden sind und Zeit für Dinge haben, die man nicht kaufen kann. Wir müssen an dem gro- ßen Haus bauen, in dem alle Menschen will- kommen sind und miteinander das Brot der Freundschaft brechen. Ein Haus, in dem die Menschen so viel Wärme ausstrahlen, dass niemals mehr ein Kind in der Kälte geboren wird, dass niemals mehr ein Mensch in der Kälte vereinsamt leben und sterben muss.

Wo der Geist verdrängt wird

Wo der Geist verdrängt wird, breitet sich mitten in den Dörfern und Städten ein Friedhof aus. Menschen verfallen mitten im Leben dem Tod. Sie ersticken im Materiellen, in einer krankhaften Überschätzung von Geld und Besitz, von Reichtum und Macht. Aber der Mensch ist mehr als Materie, viel mehr als eine zufällige Struktur von Atomen und Zellen. Er ist in der Wurzel seines ganzen Wesens Geist.

Wo der Geist verdrängt wird, trifft es den Menschen in seinem Kern. Er wird tödlich verstümmelt. Ist der Geist tot, kann der Mensch wie ein Mechanismus von außen bewegt und gesteuert werden. Darum suchen alle Diktaturen, den Geist zu unterdrücken und damit die Freiheit des Menschen zu töten.

Wo der Geist verdrängt wird, fängt die Sinnlosigkeit an. Menschen kommen nicht mehr miteinander aus. Aggressiver Egoismus bricht aus. Lähmende Verzweiflung macht sich breit. Die Freude am Leben versiegt. Menschen müssen wieder zu gemeinsamen Überzeugungen kommen, von gemeinsamen Werten erfüllt, von gemeinsamen Idealen beseelt sein. Es gibt keinen anderen Weg zu einem echten menschlichen Zusammenleben.

Es gibt nur einen Weg zum Mitmenschen:
den Weg des Herzens.
Alle anderen Wege sind Umwege.

Der Geist, den wir brauchen

Wir brauchen einen gesunden Geist. Keinen Geist, der zerstört, ausrottet und vernichtet. Keinen Geist des Hasses, der Gewalt, des Umsturzes. Keinen Geist, der ewig klagt und anklagt. Keinen Geist der Resignation und Hoffnungslosigkeit. Keinen Geist der Willkür und Hemmungslosigkeit. Keinen Geist des blanken Neids und der blinden Wut.

Wir müssen zusammenleben. Junge Menschen zusammen mit alten Menschen. Der Westen zusammen mit dem Osten, der Norden zusammen mit dem Süden. Die Christen zusammen mit den Nichtchristen, die Glaubenden zusammen mit den Nichtglaubenden.

Keine Mauern mehr. Über die Grenzen hinweg. Alle Völker, Rassen, Stämme, Sprachen zusammen. Zusammenleben in einem gesunden Geist, in einem Geist der Liebe, im Geist Gottes. Die Frucht dieses Geistes ist: Freude, Friede, Güte, Wohlwollen zueinander, Optimismus.

Weltveränderung

Überall, wo Menschen im Herzen entschlossen sind, neue Menschen zu werden, wächst eine neue Welt. Probleme analysieren reicht nicht. Gegen Missstände protestieren reicht nicht. Es müssen neue Menschen kommen.

Mit einer neuen Sehweise, mit einer neuen Einstellung. Menschen, die nicht mehr nur an sich denken, die nicht länger auf Kosten anderer leben wollen, sondern die sich zur Verfügung stellen.

Eine neue Welt entsteht nicht aus einem schönen Traum von neuen Strukturen, aus der Illusion von paradiesischen Zeiten, sondern aus dem festen Willen, anders zu leben, anders miteinander zu leben.

Die meisten Menschen wollen die Welt verändern, nur nicht sich selbst. Die anderen müssen sich verändern. Die da oben, sagen die unten. Die da unten, sagen die oben. Die Männer, sagen die Frauen. Die Frauen, sagen die Männer. Wir fangen an, zu drohen und

Druck zu machen. Wir begreifen so schwer, dass keiner ein Recht hat, andere zur Änderung zu zwingen. Nur Überzeugung, nur Einsicht, nur Freundschaft können andere zur Änderung bringen. Wer Menschen mit Gewalt verändern will, ist ein Diktator.

Der Mensch ist das einzige Wesen, das sich selbst zu verändern vermag. Nur so verändert er die Art und Weise des menschlichen Zusammenlebens. Gesellschaftliche Strukturen können sich selbst nicht verändern. Sie werden von Menschen gemacht, von Menschen gehalten und getragen. Wenn sich die Menschen nicht ändern, ändert sich nichts.

Lieben heißt: ein Haus bauen für deinen Mitmenschen, als ob jeder, der darin wohnen soll, für dich der Allerliebste ist. Lieben heißt: Menschen und Dingen Atem einhauchen, der aus dem eigenen Herzen kommt, und sie so zum Leben bringen.

Die Gewalt der Unterdrückten

Jedes Unrecht, das einem Mitmenschen ange-
tan wird, ist Gewalt. Ein System, das sich auf
die Macht der Gewalt stützt und in dem das
Recht des Stärkeren regiert, kann im Namen
des Rechts das schlimmste Unrecht entwickeln und im Namen der Ordnung die
schlimmste Unordnung bestehen lassen. Was
Gewalt verursacht, kann schlimmer sein als
Gewalt. Was Terrorismus verursacht, kann
schlimmer sein als Terror.

Schwere Verletzungen der Menschenrechte,
alle Bedrohung von Andersdenkenden, alle
Unterdrückung von kleinen machtlosen Leuten, wo auch immer in der Welt, ist ebenso
verbrecherisch wie kriegerische Gewalt. Ich
verneige mich vor den Armen und Unterdrückten, die sich gegen die unerträgliche
Gewalt politischer und wirtschaftlicher Tyran-
nei aufbäumen und sich von ihr mit Gewalt als
dem letzten, äußersten Mittel befreien wollen.
Sie sind Kinder der Verzweiflung.

Wenn sich die Anwendung von Gewalt überhaupt entschuldigen lässt, dann bei ihnen, nicht bei den Predigern der Revolution und den Sängern des Terrors.

Die Gewalt der Unterdrückten
ist ein Schrei:
Lasst uns Mensch sein!

Eine besondere Sorte

Politiker sind eine besondere Sorte von Menschen. Sie brauchen manchmal einen Glauben, dass die Sonne nachts scheint. Sie brauchen eine Elefantenhaut, unempfindlich gegen alle Insekten, die ihnen täglich auf die Pelle rücken. Denn Politiker, so denken viele, sind immer die Schuldigen; sie können gar nichts Gutes tun, und wenn sie es doch tun, dann zum eigenen Vorteil.

Trotzdem will ich ein Wort für sie einlegen. Sie mögen viel reden, aber sie tragen keine Waffen. Wer die Politiker weghaben will, muss sich klar sein, dass nach den Politikern die Bulldozer kommen. Die reden nicht, die schweigen und walzen dich nieder.

Gutsein heißt nicht alles gut finden. Gutsein lässt sich nicht missbrauchen, um den Egoismus anderer zu erfüllen. Gutsein lässt sich nicht kleinkriegen von der Brutalität von Bulldozern.

Politiker aller Parteien!

Hört auf die schweigende Mehrheit, die normalen, einfachen Menschen, die jeden Tag ihre Arbeit machen, die ihre Verantwortung tragen und nicht viel darüber reden. Sie wollen, dass alle Menschen menschenwürdig leben können, auch die Schwachen und Hilflosen. Menschen mit einem guten Herzen sind die wichtigsten Lungen, durch die unsere Welt noch atmen kann.

Hört nicht auf die großen Schreier. Lasst euch nicht unter Druck setzen durch einflussreiche Gruppen, die nur ihre eigenen Interessen durchsetzen wollen. Seid korrekt und nicht korrupt. Sorgt für eine Politik, in der das Herz spürbar ist. Und habt keine Angst. Wie gut ihr es auch macht, vergesst nicht und denkt daran, dass es oben immer schwer ist, denn unten stehen viele Scharfschützen.

Gute Politik:
Nicht gackern – Eier legen!

Viel zu viele Autos (außer meinem)

Das Auto überwuchert die Welt. Immer mehr Autos. Vollgestopfte Straßen, vollgestopfte Wege, vollbelegte Parkplätze. Auch die Autofriedhöfe sind überfüllt. Das Auto nimmt die Erde und die Menschen in Besitz. Jedes Auto hinterlässt giftige Abgase. Die Luft wird verpestet. Bäume sterben. Menschen werden krank. Wir müssen lernen, anders mit dem Auto umzugehen. Machen wir es dem Auto schwer. Wir haben keine andere Wahl. Es gibt viel zu viele Autos – auch meines.

Zäh fließender Verkehr bis zum Stillstand, sagt das Radio. Wir kommen nicht mehr vorwärts mit unserem Fortschritt. Der Verkehr läuft verkehrt. Für viele zum Rollstuhl. Für manche in den Tod.

Fahr nicht schneller als dein Schutzengel.
Der hält dir nicht das Steuer,
wenn du wie der Teufel fährst.

Vergiftet

Man kann die Welt auf viele Arten verschmutzen. Nicht nur der Auspuff, das Abflussrohr, der Schornstein können zu wahren Dreckschleudern werden. Auch eine böse Zunge, besonders wenn sie in den Medien ihr Gift verspritzen kann, belastet die menschliche Umwelt. Die Atmosphäre wird verdorben, Vertrauen untergraben, Freundschaft zerstört. Man kann Menschen auf viele Arten umbringen. Man kann sie nicht nur mit einem Knüppel erschlagen oder mit einem Gewehr erschießen, sondern auch mit Wort und Bild verletzen und tödlich treffen. Andere verleumden, ihnen Böses anhängen, ihre Fehler maßlos übertreiben, sie bei ihren Vorgesetzten oder Freunden anschwärzen, ihre Schwächen schamlos ausbeuten, sie dem öffentlichen Hohngelächter preisgeben – all das vergiftet das menschliche Zusammenleben. Wer über andere Lügen verbreitet, sagt mehr über sich selbst als über seine Opfer.

Kamillenblüten

Gott hat eine herrliche Welt geschaffen. Er hätte sie nur nicht den Menschen in die Hände geben sollen; die haben daraus einen Schutthaufen gemacht.

In dem neuen Stadtviertel, an den Rändern der Wege sah ich eine Fülle von weiß-gelben Blumen: Kamille. Sie blühten und blühten.

Schau mal, sagte ich zu meinem Freund, in all diesen Häusern hier wohnen Menschen, die manchmal Kopfschmerzen, manchmal Bauchschmerzen oder sonst Beschwerden haben. Für sie lässt Gott hier schnell ein Heilmittel wachsen.

Am nächsten Tag kam ein Mann mit einem Gefäß voller Gift auf seinem Rücken. Die Stadtverwaltung hatte ihn geschickt, um die Wegränder »rein« zu spritzen. Die Kamillenblumen starben. Für die Behörde waren sie Unkraut. Keiner hatte in ihnen ein Wunder der Liebe entdeckt.

Nachrichten

Medien sagen: »Gute Nachrichten – nie was davon gehört.« Sie sagen: »Schlechte Nachrichten lassen sich gut verkaufen.« So wird uns Tag für Tag eine Riesenportion von Katastrophen, Unglück und Gewalt vorgesetzt: Erdbeben, Flugzeugabstürze, Flüchtlingselend, Raubüberfälle, Terrorakte, Vergewaltigungen, Morde. Viele Menschen denken: Noch nie war es so finster in der Welt, aber ich kann nichts dafür und nichts dagegen tun. Eine Stimmung hilfloser Resignation und Depression breitet sich aus.

Medien tragen eine große Verantwortung. Es gibt nicht nur verdrecktes Wasser, verpestete Luft, vergiftete Erde, sondern auch verschmutzte öffentliche Meinung. Gewiss besteht die Pflicht zur Information, auch über das Negative. Wir wollen keine Nachrichten, die einseitig ein System, eine Partei, eine Richtung beweihräuchern, den jeweiligen Machthabern huldigen und aus Schwarz

Weiß machen. Es gibt aber auch das Recht auf Information über das Positive. Das Weiße darf nicht angeschwärzt und das Schwarze nicht schwärzer gemacht werden, als es ist.

Das Gute sehen, über das Gute sprechen! Eine schwere Aufgabe, denn das Gute geschieht im Verborgenen, es meidet Scheinwerfer und Schlagzeilen. Eine schwere Aufgabe, denn es gibt genug Reporter mit der dunklen Brille, die so lange bohren, bis sie endlich, zu Recht oder Unrecht, etwas Negatives in die Höhe halten. Eine schwere Aufgabe, denn viele Leute haben eine geheime Lust an schaurigen Sensationen.

Machen wir es nicht wie die Gaffer an den Straßenrändern bei Verkehrsunfällen. Sie helfen nicht, sie gaffen nur. Sind wir vielleicht auch jeden Abend an den Fernsehkanälen wie diese Gaffer? Lassen wir uns die Augen verderben für das Gute in der Welt und in unserem Leben? Für das unspektakuläre Gute, das wir tun können und tun müssen?

Das Gute ist da. Meist ist es klein, verborgen, leicht zu übersehen. Wie ein winziges Samenkorn. Aber in ihm steckt eine wunderbare Lebenskraft. So steckt auch in jedem Menschen der Keim einer großen Verheißung. Wir brauchen Abwehrkräfte gegen den Müll, den Medien in unsere Wohnungen tragen: Nicht alles schlucken, was sie uns vorsetzen! Das Gute entdecken, das in der Welt da ist, das in jedem Menschen steckt, sogar in uns selbst.

Wie Menschen Flügel bekommen

Es gibt Menschen, die bekommen niemals ein anerkennendes Wort, niemals ein freundliches Lob. Sie machen die mühsamsten Arbeiten, und jeder findet das selbstverständlich. In aller Stille tun sie tausend kleine Dinge im Hause, im Büro, im Betrieb. Und da ist keiner, der das sieht. Aber wenn es einmal nicht geschieht oder wenn sie einen falschen Schritt tun, dann hat es jeder gesehen. Zu viele Menschen gehen darum gebückt in einer Gesellschaft, die nicht fragt nach Hilfsbereitschaft und Güte, Zuverlässigkeit und Treue. Gefragt sind Zeugnisse und Titel, Kompetenz und Ehrgeiz. Zu viele Menschen fühlen sich darum ausgenützt und abgeschrieben. Sie haben keine Arbeitsfreude mehr und auch keine Lebensfreude. Niedergedrückte Menschen sitzen fest und wissen nicht mehr weiter. Sie müssen Flügel bekommen.

Lob ist wie eine Feder. Von Zeit zu Zeit ein Lob, und Menschen bekommen Flügel.

Einsamkeit

Massen von Menschen drängen sich im Verkehr. Dicht bei dicht stehen sie vor der Fußgängerampel, im Lift des Hochhauses, an den Kassen der Supermärkte. Ganz nahe beieinander. Und doch begegnen sie sich nicht. Sie kennen sich nicht. Sie schauen sich nicht an, sie reden kein Wort miteinander.

Immer mehr Menschen leben heute allein. Aus ganz verschiedenen Gründen. Manche möchten leben können, wie sie wollen, ungebunden, ohne Rücksicht auf andere. Manche haben schlechte Erfahrungen gemacht, sie möchten in Ruhe gelassen werden und ihre eigenen Wege gehen. Manche haben niemanden gefunden, der zu ihnen sagte: Lass uns gemeinsam durchs Leben gehen. »Ich bin verzweifelt«, schreibt mir eine Frau. »Mir ging es blendend, ich hatte ein Leben wie in einem schönen Roman. Und nun? Einsam, verlassen, zu nichts zu gebrauchen. Mein Trost sind Selbstmordgedanken. Ich habe niemanden. Und die ich habe, die kümmern sich nur ums Geld.«

Für immer mehr Menschen wird das Leben trotz allen Wohlstands immer mehr zu einem Kreuzweg: enttäuscht, betrogen, beleidigt, verraten, verstoßen. Warum tun Menschen das einander an? Warum können Menschen nicht eine Freude, eine Hilfe, eine Gnade füreinander sein?

Jeder Mensch ist irgendwo allein. Keiner kann in die Haut eines anderen schlüpfen. Niemals denkt und fühlt er ganz genauso wie ein anderer. Und dennoch sehnen wir uns immer wieder nach lebendiger liebevoller Beziehung. Nach Menschen, die mich anschauen und anhören, die mich mögen und verstehen. Ihnen möchte ich in die Augen schauen, denn mir selbst kann ich das nicht. Ihnen möchte ich mich zuwenden.

In unserer überfüllten Welt gibt es immer mehr Menschen, die einsam sind. Einsamkeit ist die tiefste Not vieler Menschen heute. Ihr Leben ist beziehungslos geworden. Sie sind nur noch eine Nummer für die Behörden, eine Adresse für den Postboten, ein Türschild für ihre Umgebung. In der Stadt wird ein

Toter hinausgetragen, und der Nachbar weiß nicht einmal, dass da ein Mensch gelebt hat.

Leben geht nicht im Alleingang. Kein Mensch hat je sein Leben selbst in Gang gebracht. Keiner kann allein, ohne die Begegnung mit anderen überleben. Ein Mensch, der einsam bleibt, ohne liebevolle Beziehungen, friert. Ihm fehlt die Wärme eines verständnisvollen, mitfühlenden Herzens.

Versuche, durch Güte und mit Behutsamkeit ein Segen für andere zu sein, die leiden, die allein sind und die in ihrer trostlosen Verlassenheit nach einem Mitmenschen suchen.

Komm, schau andere freundlich an. Öffne die Tür deines Herzens. Wage ein erstes Wort, sprich sie an. So manch einer oder eine wollte auch schon längst mit dir reden.

V.
In dir liegt das Glück

Du bist ein Engel

Engel sind Menschen, die Licht durchlassen. Wo sie sind, wird es hell und klar. In eine trostlose Welt bringen sie einen bunten Sonnenstrahl. Engel sind Menschen, die eine Art ursprünglicher Freude aus dem Paradies mitbekommen haben. Engel sind Wesen von Fleisch und Blut, in denen uns das Geheimnis einer unergründlichen Güte entgegenkommt.

Du hast ein Problem. Du kommst nicht weiter. Es geht nicht mehr. Da erhält jemand über eine unsichtbare Antenne eine Eingebung, eine Art Befehl, zu dir zu gehen, dir zu helfen, dich zu trösten, dir einen Wink zu geben, eine Lösung zu zeigen, den entscheidenden Schritt. »Du bist ein Engel«, sagst du dann. Das Dunkel hat sich gelichtet, die Sorge ist weg, das Leben wird wieder hell.

Ich habe schon eine Menge Engel getroffen. Manchmal mitten auf der Straße, im Menschengewühl. Plötzlich tauchten sie auf, gaben mir die Hand, lösten das Problem und verschwanden wieder, ohne auf Dank zu warten. Engel wirken im Schatten, und sie tun Wunder, ohne es selbst zu wissen. Es gibt noch Engel, aber sie kommen nicht auf Bestellung und nicht gegen Bezahlung.

Sag danke, kleiner Mensch,
für den Strom der Liebe
der in aller Stille
durch die Welt geht.

Menschen waren gut zu mir. Sie sorgten für mich, als ich klein war. Sie begleiteten mich, als ich größer wurde. Sie machten mir Mut, als es mir schlecht ging. Sie halfen mir, als ich in Not war. Mein Herz vergisst das nicht.

Was die Liebe trägt,
ist niemals eine Last

Glücklich, wer dort, wo er lebt, ein Zuhause gefunden hat, getragen von der Liebe anderer. Ich denke an Eltern mit einem behinderten Kind, an Angehörige, die einen alten Vater, eine kranke Mutter unter großen Opfern zu Hause pflegen. Ich denke an Menschen, die nach einem Sterbefall oder nach einer Scheidung allein dastehen und nun allein für die Kinder sorgen müssen.

Ich denke an eine Frau, die seit Jahren ihren an multipler Sklerose erkrankten Mann zu Hause betreut. Sie schreibt: »Es ist spät abends. Ich bin müde, sehr müde, aber glücklich. Manche Menschen werden sagen: Wie ist es möglich, mit so einem kranken Mann? Doch ist es so. Wir waren zusammen fünf Monate in der Klinik. Eine lange Zeit? Nein, sie verging schnell, es war so viel zu tun. Jetzt sind wir wieder zu Hause, und obwohl er sehr schwach und mühsam zu pflegen ist, sind wir doch glücklich.«

Woher nimmt diese Frau, woher nehmen so viele andere die Kraft dazu? Warum können diese Menschen trotz allem glücklich sein? Die Liebe macht sie stark.

Wenn du jemanden liebst,
wachsen deine Kräfte.
Liebe macht das Unmögliche möglich.

Vertrauen

Sie haben mich aus dem Bett geläutet. »Er liegt im Sterben. Er hat nach Ihnen gefragt.« Stunden habe ich bei ihm gesessen. Er konnte nicht sterben. Neunundvierzig Jahre alt. Einer der lebenslustigsten Menschen, die ich gekannt habe. Sein starker Körper war in wenigen Monaten völlig zusammengebrochen. Es gab Augenblicke, da tobte er gegen die Krankheit. Er klammerte sich ans Leben. Er kämpfte um sein Leben. Er hoffte gegen alle Hoffnung.

Ich hatte Angst vor den letzten Stunden. Er war ein gläubiger Mensch, aber in den hellsten Augenblicken seines Bewusstseins konnte er mich fassungslos fragen: Warum? Wenn es eine göttliche Führung in der Welt gibt, warum dann dieses Leiden und Sterben? Ich bin noch jung, meine Familie kann mich nicht entbehren: Warum? Aber im entscheidenden Augenblick, statt seinen Glauben zu verlieren und völlig zu verzweifeln, steigt aus den tiefsten Schichten seines Wesens ein ruhiges Vertrauen empor. Ein unbegreifliches Vertrauen, das tiefer wurzelt als all sein Denken und Fühlen. Er weiß auf einmal alles. Er nimmt auf eine rührende Weise Abschied von seiner Frau und seinen Kindern. Es ist, als ob eine unsichtbare Hand ihn festhält und als ob er sich plötzlich mit seinem ganzen Wesen völlig geborgen weiß.

Hänge dein Leben an einen Stern,
und die Nacht wird dir nicht schaden.

Deine Tage werden neu

Jeden Tag dasselbe: aufstehen, essen, Auto oder Bahn, vier Stunden arbeiten, essen, vier Stunden arbeiten, Auto oder Bahn, essen, schlafen, Montag, Dienstag, Mittwoch, Donnerstag, Freitag – immer dasselbe. Und am Ende der Tod. Viele denken: Nur nicht daran denken, das Leben wäre unerträglich.

Mitten im Leben steht der Tod. Aber niemand will ihn sehen, niemand will mit ihm zu tun haben. Man lässt sich lieber überraschen.

Du kannst dich damit nicht zufriedengeben, mit einem endgültigen Totsein, mit dieser grausamen Sinnlosigkeit. Im tiefsten Innern hoffst du zu leben. »Du wirst sterben, aber du wirst im Tod zu einem neuen, unsterblichen Leben geboren. Du wirst auferstehen.« Das ist Ostern. Eine unglaubliche Botschaft, eine fantastische Freude. Wenn du das glauben kannst, wird es dich überwältigen. Deine Tage werden neu werden.

Segen eines alten Menschen

Gesegnet seien, die verstehen, dass meine Füße nicht mehr gut gehen und meine Hände zittern.

Gesegnet seien, die begreifen, dass ich schlecht höre und die sich bemühen, laut und deutlich zu sprechen.

Gesegnet seien, die wissen, dass meine Augen nicht mehr viel sehen und dass ich nicht gleich alles mitbekomme.

Gesegnet seien, die nicht schimpfen, wenn ich etwas verschütte, umstoße oder fallen lasse.

Gesegnet seien, die mir helfen, meine Sachen zu finden.

Gesegnet seien, die mich anlachen und mit mir reden.

Gesegnet seien, die zuhören, wenn ich von früher erzähle.

Gesegnet seien, die meine Schmerzen lindern.

Gesegnet seien, die mich fühlen lassen, dass sie mich mögen, und die mich freundlich behandeln.

Gesegnet seien, die mir den schweren Weg in die Ewigkeit leichter machen.

Gesegnet seien alle, die gut zu mir sind und die mich so an den guten Gott denken lassen. Wenn ich einmal bei Gott bin, werde ich auch bestimmt an sie denken.

Bring deine Blumen jetzt

»Ein Satz von Ihnen hat mich tief getroffen«, stand im Brief einer alten Mutter, »der Satz: ›Bring deine Blumen, bevor ich tot bin.‹ Wir haben auf vieles verzichtet. Die Kinder konnten studieren und brachten es sehr weit. Nun haben sie uns den Rücken gekehrt. Schon jahrelang. Ich weiß nicht, warum. Wir zählen nicht mehr.«

Wenn du noch einen Vater oder eine Mutter hast, dann lass sie nicht einfach links liegen. Auch wenn du vielleicht einen Doktortitel hast, auch wenn du viel zu tun hast. Du bist kein Mensch, wenn du nicht an deinen alten Vater oder deine alte Mutter denkst und keine Zeit für sie hast.

Selbst wenn sie bekommen, was sie brauchen, sie kommen sich vergessen vor, weil ihnen deine Zuneigung fehlt, weil sie das Herz ihres Kindes verloren haben. Zwischen Eltern und Kindern mag viel passiert sein. Vielleicht ist es durch Starrsinn auf beiden

Seiten zum Bruch gekommen. Aber wenn ein Mensch leidet und erst recht wenn es der eigene Vater, die eigene Mutter ist, musst du alles vergessen und wieder »Blumen« bringen: deine Aufmerksamkeit und Zuwendung und Hilfe.

Das Gedächtnis des Herzens

Es gibt ein Gedächtnis, das mit dem Kopf zusammenhängt. Der eine behält leichter, der andere vergisst schneller. Es gibt ein Gedächtnis, das viel tiefere Wurzeln hat. Sie reichen ins Herz. Das Gedächtnis des Herzens heißt Dankbarkeit. Danken heißt sich daran erinnern, was andere für dich taten. Danken heißt wahrnehmen, was dir alles Gutes getan wird. Hast du dir selbst das Augenlicht gegeben? Hast du dir selbst die Finger an die Hand getan? Irgendwie ist da ein Geheimnis der Liebe eingebaut. Irgendwo hat dich jemand unglaublich gern.

Kaum etwas schmerzt so sehr wie Undankbarkeit. Der Undankbare findet alles normal und selbstverständlich. Wahre Dankbarkeit ist die Antwort des Herzens auf wahrgenommene Liebe. Dankbare Menschen zeigen, dass ihr Herz ein gutes Gedächtnis hat.

Nebensachen und Hauptsachen

Wenn Nebensachen zu Hauptsachen werden, steht alles auf dem Kopf. Wer beides nicht voneinander unterscheiden kann, bringt alles durcheinander. Dann hat er immer einen Grund, sich unglücklich zu fühlen. Regen statt Sonnenschein – schon ist die gute Laune dahin. Dein Club hat verloren, deine Stimmung ist verdorben. Am Auto gab es eine Schramme, die Folge ist ein Wutanfall. Du ärgerst dich schwarz wegen einer verpassten Bahn, eines vergessenen Schirms oder einfach, weil wieder Montag ist. Machen wir doch keine Tragödien aus lauter Nebensächlichkeiten. Wir sind nicht als Trauerkloß, Giftnudel oder saure Gurke auf die Welt gekommen. Wir sind für die Freude geschaffen und für die Freundschaft. Setze an die erste Stelle, was zum Licht führt. Freue dich über jeden Tag, der dir gegeben wird – ein Stückchen Ewigkeit, um glücklich zu sein.

Ein Souvenir vom Himmel

Ein unzufriedener Mensch bringt Unfrieden ins Haus. Einer, der immer nörgelt, an allem etwas auszusetzen hat, überall querliegt und aneckt, macht die Wohnung unbewohnbar und das Leben unerträglich. Ein Unzufriedener im Haus ist der Tod aller Freude am Leben.

Ein zufriedener Mensch ist eine Sonne und ein Segen. Mit ihm kommt ein Stück Himmel ins Haus. Er bringt Frieden und Freude. Auf allen Tischen steht Freundschaft. Und wenn es dunkel wird, steckt er die Sterne an und hilft allen, über die Sorgen hinwegzukommen.

Ein zufriedener Mensch ist ein Engel, der Sonne ins Haus bringt. Er ist ein Souvenir vom Himmel.

Im Frühling

Es ist Frühling. Mutter Erde feiert das Leben. Sie zieht ihre schönsten Kleider an. Ihr Gesicht strahlt im frischen Grün der Wiesen und Felder. Alles wächst und blüht wie im Paradies. Doch der Mensch in seiner Unersättlichkeit und Rücksichtslosigkeit zerstört das Paradies. Der Mutter Erde wird mitten ins Gesicht geschlagen, und ihr Herz wird tödlich getroffen.

Die Sonne kann den Beton nicht zum Blühen bringen. Bäume verschwinden, Vögel finden kein Nest, Quellen verenden in Kloaken. Wo die Erde nicht mehr atmen kann, stirbt das Leben. Höre, Mensch, das sterbende Herz der Mutter Erde. Vergiss nicht: Jeder Schlag in ihr Gesicht ist ein Schlag gegen dich selbst.

Die schönsten Worte können dir nicht mitteilen, was ein blühender Krokus vom Frühling sagt. Das schönste Lied lässt dich nicht vernehmen, was der Wind erzählt von den

Blättern des Baumes. Die ganze Natur spricht. Aber wer kann hören? Wer hat heute Ohren und ein Herz, um ihre wortlose Sprache zu verstehen?

Wenn ich im Frühling übers Land, durch Felder und Wälder gehe, dann sehe ich, wie alles in der Natur seinen Weg zum Licht sucht. Alles wächst zum Licht. Nur der Mensch hat sich vom Licht abgewandt. Er ist dem Materiellen verfallen, dem Trieb, immer mehr haben zu wollen. In dieser grauen Welt steckt keine Botschaft mehr. Da schläft kein Lied mehr in den Dingen. Da lebt kein verborgener Traum mehr. Der Traum ist zugrunde gegangen in vollen Bäuchen und leeren Herzen.

Schaff Stille um dich, schaff Stille in dir. Starre nicht länger wie besessen auf die Arbeit, das Geld und das Vergnügen. Schau in dein Herz. Entzieh dich dem Sog der Konsumgesellschaft, die dir den Geist aussaugt. Wirf die Zwänge der Freizeitgesellschaft ab, die dir die Freiheit raubt. Komm zurück zu einem einfachen Lebensstil. Einfach leben heißt: sich lächelnd von allem Überflüssigen verabschieden; sich freimachen von den Fesseln der toten Dinge, die uns die Werbung verführerisch aufdrängt; mit einfachen Dingen glücklich sein; die einfachen, kleinen Freuden in Dankbarkeit genießen, die vielen Gaben, die wir jeden Tag empfangen dürfen.

Heimweh nach dem Paradies

Das Heimweh nach dem verlorenen Paradies ist dem Menschen ins Herz geschrieben. Das Paradies wird wiederkommen, damit die Menschen wieder glücklich werden. Alles Glück hängt zusammen mit Lieben und Geliebtwerden.

An einem schönen Frühlingsmorgen stand ich im Garten, in meinem Kräutergarten. Ich fühlte: Das Wunder umgab mich. Es durchströmte mich Dankbarkeit über das Leben, über alles Leben. Ich sah die ersten Krokusse, und ich wusste:

Gott streckt mir seine Hände entgegen, Hände voller Blumen. Überall war Leben. Leben in der Luft. Leben auf der Erde. Ich dachte: Der Ort, auf dem du stehst, ist heilig. Das Paradies ist hier in der Nähe. In jeder Blume, die blüht, sagt Gott, dass er mich gern hat. In jedem Vogel, der singt, höre ich seine Liebe. In jeder Hand, die mich stützt, spüre ich seine Sorge um mich.

Der einzige Schlüssel

Der einzige Schlüssel, der in die Tür zum Paradies passt, ist die Liebe. Es liegt ein Stückchen Paradies in jedem Lächeln, in jedem guten Wort, in der Zuneigung, die du verschenkst. Es liegt ein Stückchen Paradies in jedem Herzen, das für einen Unglücklichen zum rettenden Hafen wird, in jedem Zuhause mit Brot und Wein und mit menschlicher Wärme.

Es liegt ein Stückchen Paradies in jeder Oase, wo Liebe blüht und Menschen Mensch geworden sind, füreinander Brüder und Schwestern. Gott hat seine Liebe in deine Hände gelegt wie einen Schlüssel zum Paradies.

Es gibt Menschen, in denen tiefes Misstrauen sitzt. Nie tun sie, was das Herz ihnen eingibt. Die Stimme ihres Herzens ist erloschen. Und es gibt Menschen, die haben ein Herz aus Gold. Alles, was sie tun, ist geprägt von ihrer Herzlichkeit.

Auf der Erde
hat der Himmel begonnen

Es ist möglich. Komm mit zur Freude. Jetzt
ist die Zeit der Erneuerung, der neuen Hoffnung.

Es ist möglich. Hin zum Licht. Vergiss alles
Misslungene und fang von Neuem an. Neu
werden mit neuen Gedanken und einem
neuen Herzen. Steh auf aus der Nacht der
Mutlosigkeit, der Lebensmüdigkeit zu einem
neuen Morgen voller Sonne, voller Vögel
und Blumen.

Es ist möglich. Auf zu einem neuen Frühling voller Licht, voller neuer Horizonte.
Erhebe dich und steh auf! Komm heraus aus
dem Winterschlaf deines freudlosen Daseins.

Wenn Gott schon neues Leben in jedes
Blatt eines jeden Baumes hineingeschrieben
hat, um wie viel mehr will er es schreiben
auch in dein armes Menschenherz! Auf der
Erde hat der Himmel begonnen. Wir können
neu werden. Wir können geheilt werden von
allen Wunden, auch von der tiefsten, dem

Tod. Tritt ein in das Magnetfeld eines Gottes, der Liebe ist.

Durch alle dunklen Tunnel wirst du so viel Licht, so viel Leben und Freude finden, dass du in deinem tiefsten Wesen ein bisschen Himmel spürst.

Das Herz des Menschen – ein winziger Fleck auf unserem großen Planeten.
Aber hier kommt die Liebe zur Welt.

In dir liegt das Glück

Von allen Energien der Welt kann nur eine einzige dich glücklich machen: die Energie des Herzens. Das Glück beginnt im Grunde deines Herzens. Du gibst es weiter, wenn Menschen gerne bei dir sind, wenn sie sich bei dir wohlfühlen, wenn du freundlich bleibst, wo andere unfreundlich sind, wenn du hilfst, wo keiner mehr hilft, wenn du zufrieden bist, wo andere Forderungen stellen, wenn du lachst, wo alle finstere Mienen machen, wenn du vergeben kannst, wo Menschen dir Böses taten.

In dir liegt das Glück. Man wird sagen: So ein Träumer! Weil du immer noch an Menschen glaubst, an das Leben und daran, dass alles anders werden kann.

In dir liegt das Glück. Menschliches Glück ist kein Produkt von Wissenschaft und Technik. Menschliches Glück hängt ab von Lieben und Geliebtwerden, von so vielen schönen Dingen, die gratis sind.

Inhaltsverzeichnis

I. Auf der Suche nach dem Glück

II. Gute Menschen machen gute Zeiten

III. Ohne die Liebe ist alles nichts

IV. Es gibt nur einen Weg zum Menschen: den Weg des Herzens

V. In dir liegt das Glück

Bund ohne Namen
von Phil Bosmans gegründet
für mehr Herz in dieser Welt

www.bund-ohne-namen.de
www.phil-bosmans.de

Phil Bosmans im Verlag Herder

Vitamine fürs Herz
Das große Lesebuch
ISBN 978-3-451-32802-2
Der große farbige Foto-Text-Band mit der Botschaft
des Herzens von Phil Bosmans.

Leben jeden Tag
365 Vitamine für das Herz
ISBN 978-3-451-32142-9
Für jeden Tag des Jahres ein inspirierender Text
von Phil Bosmans.

Mensch, ich hab dich gern
Herder spektrum Taschenbuch 7095
ISBN 978-3-451-07095-2
Die Texte von Phil Bosmans sind eine Liebeserklärung
an das Leben.

Kleines Buch vom guten Gott
Herder spektrum Taschenbuch 7126
ISBN 978-3-451-07126-3
Phil Bosmans' Bekenntnis: Dem Leben vertrauen,
weil es von einer unbegreiflichen Liebe getragen ist.

Mehr Sonne fürs Herz!
ISBN 978-3-451-32376-8
Das Foto-Aufstellbuch mit Worten von Phil Bosmans,
Impulse für jeden Tag.

HERDER

Liebe wirkt täglich Wunder
ISBN 978-3-451-29621-5
In diese Welt gehört mehr Herz! Phil Bosmans Vision
einer Welt mit menschlichem Gesicht.

Blumen des Glücks musst du selbst pflanzen
ISBN 978-3-451-29623-9
Worte der Lebensweisheit, gelassen und zuversichtlich,
zärtlich und klar.

Ja zum Leben
ISBN 978-3-451-29622-2
Phil Bosmans' Impuls, das Leben in die eigene Hand
zu nehmen und sich für andere zu öffnen.

Mit allen guten Wünschen zum Geburtstag
ISBN 978-3-451-32377-5
Ein freundlicher Sonnenstrahl in Tagen der Krankheit
ISBN 978-3-451-32379-9
Ein Engel des Trostes in Zeiten des Abschieds
ISBN 978-3-451-32381-2
Danke sagt mein Herz für alles Gute
ISBN 978-3-451-32378-2

Vierfarbig gestaltete Geschenkbücher zu jedem Anlass
mit Worten von Phil Bosmans.

HERDER

Weitere Taschenbücher
in der Großdruck-Edition

Anthony de Mello
Eine Minute Weisheit
HERDER spektrum Band 6366
ISBN 978-3-451-06366-4
In kurzen Geschichten und pointierten Erzählungen
versammelt Anthony de Mello die Weisheit der Welt.

Henning Scherf
Grau ist bunt
Was im Alter möglich ist
HERDER spektrum Band 6374
ISBN 978-3-451-06374-9
Henning Scherfs ebenso persönliches wie politisches Buch
bringt die Chancen des Älterwerdens auf faszinierende
Weise in den Blick.

Dietrich Grönemeyer
Lebe mit Herz und Seele
Sieben Haltungen zur Lebenskunst
HERDER spektrum Band 6375
ISBN 978-3-451-06375-6
Dietrich Grönemeyer in seinem persönlichsten Buch: Lass
dich nicht einlullen. Liebe dein Leben und übernimm
Verantwortung dafür.

HERDER spektrum

Tania Konnerth
Ich schenk mir heute Blumen
Die Kunst, sich selbst zu mögen
HERDER spektrum Band 6376
ISBN 978-3-451-06376-3
Tania Konnerth zeigt, wie man sich selbst der beste Freund wird. Das hebt nicht nur die Laune – es macht das Leben auch leichter und erfolgreicher.

Margot Käßmann
Gut zu leben
Gedanken für jeden Tag
HERDER spektrum Band 6394
ISBN 978-3-451-06394-7
Gedanken von Margot Käßmann für jeden Tag des Jahres: erhellend, ermutigend, inspirierend.

Anselm Grün
Verwandle Deine Angst
Ein Weg zu mehr Lebendigkeit – Spirituelle Impulse
HERDER spektrum Band 6420
ISBN 978-3-451-06420-3
Anselm Grün geht es um spirituelle Wege, mit seiner Angst ins Gespräch zu kommen, sein Herz aus der Enge zu befreien und neuen Mut zu schöpfen.

Notker Wolf
Gönn dir Zeit. Es ist dein Leben
HERDER spektrum Band 6421
ISBN 978-3-451-06421-0
Ein Buch der Lebenskunst, der Lebensfreude und der Spiritualität.

HERDER spektrum